相談援助・
保育相談支援

小宅 理沙　監修
西木 貴美子　編著

翔雲社

はじめに

　「保育士の仕事は何ですか？」と聞かれた時あなたはどのように答えますか。たとえば、「保育士とは、子どもの保育をする職業です。」という答えが一般的かもしれませんね。確かに正解です。けれどもそれに加えて、「子どもの保護者への支援」等が法律にて明文化されています。つまり、保育士という専門家を目指すにあたっては、保護者に対する支援方法や、各関連機関と連携していくための専門的知識や技術が必要となります。

　そこで本書では第1章から第7章までが、相談援助における基礎知識の習得を目的に構成されています。そして最後の第8章では保育相談場面における様々な事例を紹介し、また、実際に援助計画を作成していってもらおうと考えています。

　専門職を目指す皆さん、国家資格取得を目指す皆さん、あるいはすでに専門家として活躍されている皆さんが、専門的な知識や技術を身に付けられることを切望しています。

　最後に、この本を分担執筆していただいた諸先生方をはじめ、『相談援助・保育相談支援』の編集の機会をつくって下さった、翔雲社の溝上氏・池田氏にこの場を借りて厚く御礼申し上げます。

2017年10月

監修者

小宅　理沙

iv

もくじ

はじめに ………………………………………………………………………… iii

第1章　相談援助の概要　　　　　　　　　　　　　　　　　　　 I

1　相談援助とソーシャルワーク ……………………………………… I

2　相談援助の意義 …………………………………………………… 3

3　相談援助の理論 …………………………………………………… 5

4　相談援助の機能 …………………………………………………… 9

5　保育とソーシャルワーク ………………………………………… IO

第2章　社会福祉の制度と実施体系　　　　　　　　　　　　 15

1　社会福祉の制度と法体系 ………………………………………… 15

2　社会福祉施設など ………………………………………………… 18

3　社会福祉の専門職 ………………………………………………… 20

第3章　相談援助の方法と技術　　　　　　　　　　　　　　 23

1　相談援助の対象 …………………………………………………… 23

2　相談援助の展開の概要 …………………………………………… 23

3　インテーク ………………………………………………………… 24

4 アセスメント 25

5 プランニング 27

6 カンファレンス 28

7 インターベンション 29

8 モニタリング 30

9 エバリュエーション・終結 31

第4章 相談援助の具体的展開 ... 33

1 計画・記録・評価 33

2 関係機関との協働 37

3 多様な専門職との連携 38

4 社会資源の活用・調節・開発 40

第5章 個別援助技術（ケースワーク） ... 43

1 個別援助技術の意義と機能 43

2 個別援助技術の構成要素 44

3 個別援助技術の原則 46

4 面接・記録・評価 48

5 保育現場と個別援助技術の実際 56

第6章 集団援助技術（グループワーク） ... 65

1 集団援助技術の意義と機能 65

2 集団援助技術の機能 ……………………………………………………… 66

3 集団援助技術の展開過程 ………………………………………………… 66

4 保育現場と集団援助技術の実際 ………………………………………… 70

第7章 地域援助技術（コミュニティワーク） …………………… 75

1 地域援助技術の意義と機能 ……………………………………………… 75

2 地域援助技術の基本的性格 ……………………………………………… 79

3 保育現場と地域援助技術の実際 ………………………………………… 87

コラム 《保育士の相談業務》 ……………………………………………… 91

第8章 事例分析 ……………………………………………………………… 93

1 虐待の対応に関する事例分析 …………………………………………… 93
（1）ネグレクトおよび身体的虐待
（2）性的虐待

2 障害をもつ子どもとその保護者への支援に関する事例分析 ………… 104
（1）アスペルガー症候群
（2）知的障害
（3）身体障害

3 保育現場における様々な問題への対応に関する事例分析 …………… 116
（1）異文化問題
（2）モンスターペアレント問題

おわりに ………………………………………………………………………… 125

vii

第1章　相談援助の概要

1　相談援助とソーシャルワーク

　日本国内でソーシャルワークを担う専門職は「ソーシャルワーカー」と呼ばれている。そして、日本国内ではソーシャルワーカーに付与される国家資格として、社会福祉士や精神保健福祉士といった2つの資格が定められている。

　日本国内において「相談援助」と「ソーシャルワーク」との関係性に大きな変化がみられるようになってきたのは、2009（平成21）年度より、ソーシャルワークを担ってきた社会福祉士の養成カリキュラムが新しい内容に移行した頃からである。この背景には、国家資格である社会福祉士について定めている「社会福祉士および介護福祉士法」が2009（平成21）年4月に改正され、社会福祉士養成課程の教育方法も大きく見直されたことがあげられる。そして、「社会福祉士および介護福祉士法」改正により、同法の第2条において、相談援助が「身体上若しくは精神上の障害があること又は環境上の理由により日常生活を営むのに支障がある者の福祉に関する相談に応じ、助言、指導、福祉サービスを提供する者又は医師その他の保健医療サービスを提供する者その他の関係者との連絡及び調整その他の援助を行うこと」と位置付けられたことも、日本のソーシャルワークの捉え方に大きな影響を及ぼしたように見受けられる。これによって、社会福祉士の行う相談援助とは、端的に言ってしまえば、クライエントの相談に応じ、助言、指導、連絡、調整、その他の援助を行うことであるとされてしまった。ゆえに、社会福祉士の行うこれらの「相談援助」とされるものがソーシャルワークの業務内容に類似するという理由から、社会福祉士にとっての「相談援助」が「ソーシャルワーク」に置き換えてもあまり差し支えがないといった捉え方さえされるようになってきている[1]。

　しかし、国際ソーシャルワーカー連盟が2000（平成12）年7月に採択した「ソーシャルワークの定義」（2000年7月）では、「ソーシャルワーク」の定義を「ソーシャルワーク専門職は、人間の福利（ウェルビーイング）の増進を目指して、社会の変革を進め、人間関係における問題解決を図り、人々のエンパワメントと解放を促してい

く。ソーシャルワークは、人間の行動と社会システムに関する理論を利用して、人びとがその環境と相互に影響し合う接点に介入する。人権と社会正義の原理は、ソーシャルワークの拠り所とする基盤である」と定めている。そして、社会福祉士の職能団体である公益社団法人日本社会福祉士会も国際ソーシャルワーカー連盟に加盟していることから、公益社団法人日本社会福祉士会では、この定義を、ソーシャルワーク実践に適用され得るものとして認識し、その実践の拠り所とすることを倫理綱領の中で明言している[2]。また、ソーシャルワークとは、歴史的変遷の中でケースワークを発展させた概念でもあるが、ケースワークの特徴とは、「個人と環境との相互作用に焦点をあて、個人の内的変化と社会環境の変化の双方を同時に視野に入れて援助過程を展開する点にある」[3]とされている。

　つまり、ケースワークはもちろん、ソーシャルワークの国際的な定義でさえも、「ソーシャルワーク」を「相談援助」に直結させるような捉え方はされていない。それは、なぜなのだろうか。たとえば『広辞苑』には「相談」の意味が「互いに意見を出して話しあうこと。談合。また、他人に意見を求めること」[4]と記されている。このように、「相談」という言葉には、言語や文字を媒介にした人間同士のコミュニケーションを示す側面が強いといった印象を受ける。ただし、少なくともソーシャルワークで扱われる相談という言葉に限っては、その印象にとらわれ過ぎてはならない。その理由として、何よりもソーシャルワークで相談が必要な人々とは、必ずしも言語や文字を扱える人々とは限らないといったことがあげられる。障がいや疾病によって、言語や文字を扱うことが困難な人々は少なくない。また、近年では、国際化の影響を受けソーシャルワークの対象者として外国人労働者なども含めて捉える必要性も出てきていることから、日本国内のソーシャルワーカーがそのような外国人労働者の母国語を知らなければ、通訳者を介入してコミュニケーションを図ることができたとしても本人との言語や文字を媒介にした直接対話は不可能である。このような今日の状況を考えてみると、むしろ、ソーシャルワークを必要とする人々とは、日本語という言語や文字を扱うことが困難な人々である場合が多くなってきたと言えるのではないだろうか。そして、だからこそソーシャルワークを求めていると言えるのではないだろうか。

　ソーシャルワークでは、古くから言語的コミュニケーションとされるバーバル・コミュニケーション（verbal communication）だけではなく、非言語的コミュニケー

ションとされるノン・バーバル・コミュニケーション（non-verbal communication）が求められている。ノン・バーバル・コミュニケーションは、たとえば顔の表情、視線、しぐさ、対人空間、外見、沈黙が相手に与える印象に注目している点に特徴があり、ソーシャルワーカーはクライエントから受けるそれらの印象からクライエントの真の部分を読み取る場合が非常に多い。また逆に、クライエントに対して、ワーカー自身の印象をワーカー自身が意図的にコントロールすることによって、ノン・バーバル・コミュニケーションを成立させている場合もある[5]。

　ただし、あらためて考えてほしいことは、そもそも人々がソーシャルワークが必要になるほどの生活上の困難な状況を抱えてしまった場合、困難の度合いによっては、その状況を見ず知らずの新しく出会ったソーシャルワーカーに簡単に打ち明けることなどできるのだろうか。どれほど親しい人間関係にある友人同士でさえも、本音を打ち明けるまでには多少の時間を要するのではないだろうか。だからこそ、「ソーシャルワーク」と「相談」を、「言葉」というコミュニケーション手段を媒介にして短絡的に繋いでしまうことは避けるべきだと言える。

　よって、ソーシャルワークはその対象を人々、ケースワークはその対象を"個人"に焦点化するような相違が見られても、双方とも、人間と環境との調整を以て個々人の抱える様々な問題の解決やニーズの達成に導く働きかけ、およびその取り組みと捉えることがまず重要であると言えるだろう。

　なお、ケースワークは、日本において、「個別援助技術」とも言われているが、ソーシャルワークとケースワークという関係性においては、両者に上下関係の捉え方は適さず、むしろケースワークでは、ワーカーとクライエントの間に結ばれる専門職業的援助関係が1人対1人であり、今日においてもワーカーがクライエント個々人を重視する場合等は、「ケースワーク」や「個別援助技術」という表現が強調されていることも非常に重要な部分なので、ここに付け加えておくことにしたい。

2　相談援助の意義

　相談援助の意義について、ここでは、医師であるリチャード・キャボット（Richard Cabot）博士が、アメリカのマサチューセッツ総合病院（MGH）に1905（明治38）

年から医療ソーシャルワーカーを導入するに至った経緯を例に説明することにしたい。

　キャボット博士が病院にソーシャルワーカーを導入した背景には、ある患者の病状の回復が滞っている原因として、まず、その患者が医師の指示を守れていないことを把握し、さらに、その患者が医師の指示が守れない理由が、その患者の家庭環境にあると結論付けたことによるものとされている。

　キャボット博士は、当時、長期にわたり病状の回復が好転せずに滞っている女性患者の家庭を訪問したところ、幼い子どもたちが母親であるその女性にまとわりついて、その女性の安静が保たれていない状況を目にする。そこで、キャボット博士は、その女性の病気を完治させるためには、治療や投薬の前に、まず、子どもたちをその女性から切り離し、子どもたちがその女性の療養を妨げないような環境作りが重要であると考えたのである。そして、キャボット博士は、「病気の治療の効果をあげるためには、患者の生活状態といった生活環境のあり方も含めた治療方針が必要であり、病気の治療は社会生活の条件のなかで行わなければならない」といった認識を得るに至ったとされている。

　日本における医療ソーシャルワーカーの導入は、聖路加国際病院で1929（昭和4）年からはじめられた、浅賀ふさによる取り組みが最初であるとされている。そして、この浅賀ふさもキャボット博士のもとで医療ソーシャルワークの業務と方法を学び、訓練を受けてきた一人だったのである[6]。

　ソーシャルワークや相談援助とは、専門職が行う、専門技術を要する仕事として位置付けられなければならない。ただし、ソーシャルワークや相談援助の専門技術には治療行為や投薬に関する診断を下すといった、医師に求められるような業務独占の仕事を行うことはできない。しかし、その反面、キャボット博士が認識したことに倣い、医師をはじめとする医療専門職者が患者の命を救うために行っている仕事を、患者を取り巻く環境要因によって無駄にしてしまうことのないよう、ソーシャルワークや相談援助では、まず、患者が安心して治療に専念できる環境を考えながら、その環境を現実のものとして構築することに大きな意義があるということを忘れてはならない。

3 相談援助の理論

　相談援助の理論について、ここではソーシャルワークの理論に置き換えて整理してみたい。まず、ソーシャルワーク（ケースワーク）の理論を初めて体系化し、理論的に世に送り出すことができたのは、1800年代後期から1900年代前期にわたり活躍したメアリー・リッチモンド（Mary Richmond）であるとされている。

　ソーシャルワークとは、ソーシャルワーカーが特定のクライエント（個人・家族・小集団・地域住民）に対して直接的・間接的に支援することである。そして、1958（昭和33）年に全米ソーシャルワーカー協会（National Association of Social Workers；NASW）は、このソーシャルワークの枠組みを、①目的、②価値、③知識、④方法・技術、⑤権限の委任の、5つの要素によって構成されているとした[7]。そこで、ここでは、相談援助の理論について、これら5つのソーシャルワークを構成する要素のうち、⑤権限の委任以外の4つを参考にしながら述べていきたい。

　まず、①ソーシャルワークの目的とは、特定のクライエントの環境的な要因によってもたらされているような問題を確認し、その問題をクライエント自身の力で解決したり、緩和に導くことができるようにすることとしよう。そのためには、専門職としてのソーシャルワーカーには専門的で具体的な③ソーシャルワークの知識や、④ソーシャルワークの方法・技術が必要になってくるはずである。

　③ソーシャルワークの知識とは、医学や心理学、社会学、統計学をはじめ、個人と環境との関係について複雑な状況を分析することや、文化の変化を促進するための知識を指している。他方、ソーシャルワークの経験から引き出された知識も実践知として重視し累積させながら、ソーシャルワークの技術論や専門性の向上へとつなげていくためのソーシャルワークの知識として捉えられている。

　④ソーシャルワークの方法・技術については、今日では個人や家族にかかわるものをミクロ・ソーシャルワーク、集団にかかわるものをメゾ・ソーシャルワーク、地域にかかわるものをマクロ・ソーシャルワークとして捉えている。そして、各々のソーシャルワークに応じた様々なアプローチ方法・技術が開発されている。

　ただし、③ソーシャルワークの知識も、④ソーシャルワークの方法・技術も、②ソーシャルワークの価値を土台にして構築しなければならないものとされている。

このソーシャルワークの価値について、白澤政和は、「ソーシャルワーカーは、①現実の社会が有している社会的価値、②ソーシャルワーカー個人の有している個人的価値、③専門職として有している価値、④機関が有している価値からの影響を受ける。しかしながら、ソーシャルワークにおいては、当然、専門職としての価値がほかの価値よりも優先されることになる」[8]と述べている。この専門職の価値とは、その専門職のみの構成員で作られている職能集団が、団体ごとにその団体の倫理綱領としてまとめているので、是非確認してみてほしい。

たとえば、ソーシャルワーカーである社会福祉士によって作られている公益社団法人日本社会福祉士会の倫理綱領は非常に膨大な量の綱領を策定しているが、そのうち前文の冒頭には、「われわれ社会福祉士は、すべての人が人間としての尊厳を有し、価値ある存在であり、平等であることを深く認識する。われわれは平和を擁護し、人権と社会正義の原理に則り、サービス利用者本位の質の高い福祉サービスの開発と提供に努めることによって、社会福祉の推進とサービス利用者の自己実現をめざす専門職であることを言明する」[9]と示されている。つまり、ソーシャルワークを担う社会福祉士が学ぶ③ソーシャルワークの知識も、④ソーシャルワークの方法・技術も、この倫理綱領に示されているような、②ソーシャルワークの価値を土台にして構築されているものでなければならない。よって、この価値に反する知識や方法・技術は、③ソーシャルワークの知識にも、④ソーシャルワークの方法・技術にもなり得ないのである。

ソーシャルワークの理論は、長い年月をかけて、リッチモンドの理論を基に様々な時代の影響を受けながら変化を遂げてきた。無論、ソーシャルワークの理論は簡単に述べられるものではない。ただし、大まかに言えば、③ソーシャルワークの知識も、④ソーシャルワークの方法・技術も、歴史的変遷の中で、治療モデル、生活モデル、ストレングスモデルの順で各モデルをベースに発展してきた経緯がある。そして、この3つのモデルにこそ②ソーシャルワークの価値が多分に反映されているので、ここで各モデルの特徴にのみ触れておくことにしよう。

まず、治療モデルとはケースワークやソーシャルワークが最も古くから影響を受けてきたモデルで、「医学モデル」、「医療モデル」、「病理モデル」、「欠陥モデル」などと呼称されてきたモデルと同じか、それに近いものである。このモデルの特徴は、クライエントを"対象として"捉える点にある。そして、端的に言ってしまえば、ク

6

ライエント本人に働きかけ、クライエント本人を直接的に変えていこうとするような働きかけをするモデルである。たとえば人々が病気にかかってしまった場合、そのうちの多くの人々が病気を治すために病院で治療を受けたり、退院後も懸命なりハビリをして、元の身体に回復するまで努力をすることだろう。そして、それに付き添うワーカーは、その人とともに回復に向けて、まずは治療に焦点をあててその人を勇気づけたり応援することになる。しかし、この場合、病気にかかってしまったその人自身も、それに付き添うワーカーも、その人が"元の身体に回復する"という前提があればこそ、そのような選択肢（対応）をとることとなる。ただし、病気によっては完治しないものや、医療的な治療は終了しても障がいが残ってしまうものもあり、病気にかかってしまったすべての人が元の身体に回復するとは限らない。その場合、ワーカーがそれでもその人を直接的に変えていこうとするような働きかけをしても、本人からしてみれば苦痛にしかならないであろう。このような状況では、ケースワークやソーシャルワークに限界が見えてきてしまうのではないだろうか。そこで、次に治療モデルと生活モデルを比較してみよう。

　生活モデルとは、1970年代後半から1980年代にかけてケースワークやソーシャルワークが影響を受けてきたモデルで、「生態学モデル」と呼称されてきたモデルと同じか、それに近いものである。このモデルの特徴は、人と環境との交互作用に目を向ける点にある。つまり、端的に言ってしまえば、クライエント本人以上にクライエントを取り巻く環境に働きかけ、その結果、本人を環境にも適応させながら変えていこうとするような働きかけをするモデルである。たとえば、ある人が病気にかかってしまい、その病気が完治しなかったり、医療的な治療は終了しても障がいが残ってしまい、その人が元の身体に回復することが見込めなくなってしまったとしよう。その人は、絶望の淵に突き落とされるような思いを経験することになるかもしれない。その場合、ワーカーは本人と環境との交互作用に目を向けながら、なぜ、その人が絶望の淵に突き落とされるような思いを経験しているのかを一緒になって考えてみるのである。たとえば、その人にとっての一番大きな不安は、今後、仕事を解雇され収入を得ることができなくなるのではないかということであるとわかってきた。しかし、冷静に考えてみると、まだその人は会社を解雇されると決まったわけではない。その場合、まずは、その人と共に、その人が元の身体に回復することが見込めなくなってしまったとしても、会社を解雇されることがないよう会社

（環境）に働きかけることになる。また、その人の不安が的中し、会社を解雇されることになってしまっても会社に残りたければ、そのための手立てを考えることになる。その場合、ワーカーがその人と共に会社と闘うことは難しくとも、労働問題の専門窓口や弁護士といった法律の専門家につなげながら、クライエント本人の困難な状況に何らかの手立てを提示することは不可能ではない。また、最終的にその人が会社を解雇されてしまっても、社会保障といった制度やハローワークといった社会資源につなげながら本人の生活基盤を整えていくこともできるであろう。このような場合のソーシャルワークに共通していることは、ワーカーが本人を直接的に変えるのではなく、本人を取り巻く環境に働きかけている点である。そして、そのことによって結果的に、環境にも適応させながら本人を変えていこうとするようなねらいにつながっているのである。

　とりわけ生活モデルがケースワークやソーシャルワークに影響を与え出した頃から、社会福祉分野では「ケースワーク」という表現以上に「ソーシャルワーク」という表現が多くなってきている。このことから、生活モデルは、人間と環境との調整を以て個々人の抱える様々な問題の解決やニーズの達成に導く働きかけ、およびその取り組みであるという位置付けとして、今日のソーシャルワークの定義のあり方をより確固たるものにしてきたモデルと言えるだろう。

　3つめのストレングスモデルとは、1980年代後半からソーシャルワーク分野で提唱されてきたモデルである。このモデルの特徴は、主体としてのクライエントを捉える点にある。端的に言ってしまえば、クライエントの持つ「強さ」や「能力」に焦点を当て、それを基にクライエント本人のあり方や生活を確立していこうという働きかけをするモデルである。ただし、ストレングスモデルは本人を焦点とするため、治療モデルと混同されてしまうこともあるが、両者の大きな違いは、治療モデルはクライエント本人に働きかけ、クライエント本人を直接的に変えていこうとするような働きかけをするモデルであったが、ストレングスモデルは、本人を変えていくことを主な目的としていない。そして、その点で生活モデルとも大きく異なるのである。たとえば、ある人が病気にかかってしまい、その病気が完治しなかったり、医療的な治療は終了しても障がいが残ってしまい、その人が元の身体に回復することが見込めなくなってしまったとしよう。そして、それでもその後の生活をなんとか立て直すことができたとしよう。無論、それまでの期間は、その人自身の努

力もあって生活の立て直しが行われてきたと言える。ただし、その人自身の努力に
よって生活の立て直しはできても、その人が元の身体に回復することはないことの
方が多い。人は自分以外の他者を見る時に、自分の価値基準で判断してしまうこと
が多い。よって、自分とは違う他者に病気や障がいがあった場合、時には、その人
を病気や障がいがあるからという理由で、それ以上のことはできないであろうとマ
イナスの視点で見てしまうこともある。しかし、その人が元の身体に回復すること
はなくとも、それでも、その人自身の努力によって自らの生活の立て直しが行われ
てきたのは、その人の「強さ」や「能力」にほかならないのである。また、病気や
障がいとともに生きるというプロセスは、病気や障がいとともに生きる経験をして
いる者同士にしか共感できないことなのである。よって、ストレングスモデルで重
視されている当事者性の尊重などは、きわめて重要な考え方であり、セルフヘルプ
グループの活動などでは「クライエントを自身の専門家」として位置付け、専門職
であるワーカーにも不可能な当事者同士の共感性を大切にしながら当事者同士が支
え合うことを可能としている。ストレングスモデルがソーシャルワーク分野で提唱
され定着してきたというプロセスは、②ソーシャルワークの価値と③ソーシャルワ
ークの知識、④ソーシャルワークの方法・技術がそれまで以上に向上してきたこと
による、ソーシャルワークおよび相談援助の理論の向上であり発展であったと言え
るだろう。

　なお、これら3つのモデルは定着や提唱された歴史の順に並べて述べてきたが、
今日においては、それぞれのモデルの長所と短所をもちあわせながら共存する形を
とっていることも付記しておきたい[10) 11)]。

4　相談援助の機能

　相談援助の機能については、たとえば社会福祉分野においては、"ソーシャルワー
クの過程から捉えた機能"と、"ソーシャルワークの枠組みから捉えた機能"といっ
た2つの分類がなされている[12)]。本テキストでは、別の章で相談援助の過程として
"ソーシャルワークの過程"について触れているため、ここでは、ソーシャルワーク
の"枠組みから捉えた機能"を中心に触れておきたい。

白澤によれば、ソーシャルワーク機能をソーシャルワークの枠組みから捉えるならば、①人と環境とを調整する機能、②人の対処能力を強化する機能、③環境の修正・開発、といった3点があるとしている。そして、これらの機能を、アセスメント→援助目標の設定と援助計画の作成→援助計画の実施→事後評価（→再アセスメント）→終結、といったソーシャルワーク課程での機能との関連で整理すれば、作成された援助計画を実施した結果として、どのようにソーシャルワーカーが機能したかについても示すことができるとしている[13]。

　このようなソーシャルワーク機能からは、ソーシャルワーカーの役割も導き出すことができるとされている。岩間伸之は、ソーシャルワーカーの役割について「ソーシャルワーカーの遂行すべき役割は複数にわたる。それらを列挙するならば、代弁者、媒介者・調整者、仲介者、資源の動員者、促進者、側面的援助者、コーディネーター、アドミニストレーター等があげられる。これらの背景には、ソーシャルワーカーの業務が多岐にわたることに加えて、ソーシャルワークの発展過程において強調点が変化してきたこと、また複数のソーシャルワーク理論やモデルが存在することと関係している」[14]と述べている。

　よって、相談援助の機能を考える場合は、同時に、ソーシャルワークや相談援助を担う者が、その時々にどのような役割を果たすべきかを考え、また、その役割を担う意味を十分に捉えながら、円滑な業務を遂行すべきである。

5　保育とソーシャルワーク

　日本国内において、いわゆる福祉系国家資格とされているものは、社会福祉士・介護福祉士・精神保健福祉士・保育士の4資格とされている。その他、今日の日本国内における社会福祉分野の現場では、社会福祉主事や介護支援専門員（ケアマネジャー）といった資格も多くのワーカーが保有しているが、両者は公的資格であり国家資格ではないという点、また、介護支援専門員は福祉系国家資格の他にも保健・医療分野等の国家資格が基礎資格となっているため、ここでは、福祉系国家資格とされている社会福祉士・介護福祉士・精神保健福祉士・保育士の4資格の棲み分けを参考にしながら、保育とソーシャルワークについて考えてみることにしたい。

まず、これらの4資格は、ソーシャルワークを担う"ソーシャルワーカーのための資格"と、ケアワークを担う"ケアワーカーのための資格"という2つに大きく分けられる。このうちソーシャルワーカーのための資格は社会福祉士と精神保健福祉士とされていることに対し、ケアワーカーのための資格は介護福祉士と保育士とされている。

ソーシャルワークの考え方についてはこれまで確認してきた通りであるが、ここでは、ケアワークの考え方ついても確認しておくことにしよう。笠原幸子によれば、ケアワークについて、「社会福祉分野の専門的な教育を受けた者が、加齢・心身障害等により社会生活上に困難をもつ人や成長途上にあって援助を必要とする人に対して、直接的かつ具体的な技術を活用して、身体的側面・精神心理的側面・社会的側面から援助することである。また、その時駆使する援助の技術（介護福祉援助技術と呼ばれることもある）のことである。社会福祉士及び介護福祉士法（1987）が成立した頃から、福祉制度・政策を具現化するための社会福祉の実践として注目されるようになった」[15]と述べている。ここで注目しておきたい点は、ケアワークとはワーカーが直接的かつ具体的な技術を活用して、クライエントを身体的側面・精神心理的側面・社会的側面から援助することであるため、ケアワーカーとクライエントとの関係性が1人対1人という関係性の中で展開されることになるという点である。そして、ゆえに、ケアワーカーは必然的にクライエントの個別性と向き合うことになる。先のソーシャルワークにおいて、ソーシャルワーカーがクライエント個々人を重視する場合は、たとえば「個別援助技術」という表現が強調されているといったように、ソーシャルワークにおいてもケアワークにおいても、多くの場合、ワーカーはクライエントの個別性と向き合うことからすべてが始まると言ってもよいだろう。

アメリカの元ケースワーカーで社会福祉学者だったフェリックス・P・バイステック（Felix P. Biestek）が提示した「バイステックの7原則」は、日本国内においてもケースワークの原則として重視され、定着している。この原則のうちの1つである「個別化（individualization）」は、ワーカーが向き合うケースに同じケースは存在しない、とする考え方である。この「個別化」では、クライエント個々人が抱えているさまざまな課題やニーズは、他のクライエントのそれとどれだけ似ていようとも、そのクライエント独自のものであることが強調されている。そして、それは、クラ

イエント個々人が抱えているさまざまな課題やニーズと他のクライエントが抱えているさまざまな課題やニーズは、ワーカーによって混同されたり同一視されてはならないということであり、ワーカーがクライエントをひとくくりにしてカテゴライズしてしまうことや、ワーカーがクライエントに対してラベリングするといった決めつけ、及び偏見を厳禁とする、という目的があるのである[16]。

　ワーカーとクライエントとの関係性においては、ワーカーが「バイステックの7原則」のうちの「個別化」を達成させることができて、ようやくクライエント自身がワーカーに受け入れられていることを実感するとさえ言われている。ケアワークは、ケアワーカーとクライエントとの関係性が1人対1人という関係性の中で展開されることになるという点が非常に大きな意味を持つこととなる。だからこそ、ケースワークやソーシャルワークで重視されてきた「バイステックの7原則」や、その中の「個別化」の重要性を、まず、ワーカー自身が十分に意識することが必要になるはずである。

　ケアワークとソーシャルワークとの関係性について、笠原は、「現時点において、ケアワークとその利用者は、社会福祉の総合システムを構成している一つの要素であると認められているが、価値・知識・技術の総体をもって体系づけられているソーシャルワークの中での位置づけについては明確でない。ソーシャルワークとの関係で整理すると、基盤となる知識や技術の部分的重複はみられるが、両者は個別の援助として存在し、技術の統合はない。ソーシャルワークとは、中軸となる援助技術の手法が異なり、役割が異なるのである」としている[17]。このように、ケアワークを担うケアワーカーとソーシャルワークを担うソーシャルワーカーとは、本来の役割が異なる以上、別々の専門職として捉える必要がある。ただし、今日、ケアワークを担うケアワーカーに分類されている保育士が、ソーシャルワークを学ぶ意味を考えてみてほしい。

　日本国内において保育とソーシャルワークとの関係性は非常に古い歴史がある。たとえば、児童に関するケースワークを扱った事例集のうち、古いものでは厚生省児童局が1957（昭和32）年に編集・発行した『保育児童のケースワーク事例集』などがあげられる。ここに掲載されている事例は、就学前児童の事例で占められており、事例の執筆者も保育園の園長や保母といった実務者によって構成されている。そして、この中の事例には、当時の保母によるケースワーク実践という位置付けで

紹介されているものが複数見受けられる [18]。保母が保育士へと名称変更した1999（平成11）年を経て、ようやく保育士の国家資格化が実現したのは2003（平成15）年であった。しかし、保母そのものの福祉専門職としての歴史は古く、社会福祉士といった有資格者によるソーシャルワーカーが誕生する以前は、保母が児童福祉分野のケースワークやソーシャルワークといった相談援助をごく当たり前に行っていたという事実がある。

　1945（昭和20）年に第二次世界大戦が終了し、日本は「戦後」という新たな時代を迎え今日に至っている。戦後の日本において最初に誕生した社会福祉関連の法律は、1947（昭和22）年に制定・施行された「児童福祉法」であった。戦後の混乱の中、国が法律や制度でその「福祉」を守ろうとしたのは、未来を担う子どもたちであったことを忘れてはならない。それから70年以上の時が過ぎ、子どもたちを取り巻く環境や、そこに発生しているさまざまな問題は複雑化してきている。戦後間もない頃も、子どもたちを取り巻く環境は多くの混乱やさまざまな問題を抱えていた。ただし、そこには家族のみならず近隣住民たちによる社会の「目」が子どもたちに向けられていた。反面、今日では戦後間もない頃のような混乱は減少したものの、家族のみならず近隣住民たちによる社会の「目」が向けられなくなってきている。いじめや虐待、自殺や幼くして心を病むといった状況、社会との接点こそあれば防ぐことができたケースも多々あるのではないだろうか。

　人間関係の希薄化が進む時代の流れの中で、保育士は、自らの子どもを安心して預けられる存在として確固たる地位を築いている。そして、人間関係の希薄化が進む時代の流れの中にあっても、保育士は、児童やその親と直接かかわりの持てる専門職の1つとなっている。いじめや虐待を受けている子どもたちは、自らの口でそれを伝えることはそう多くないであろう。また、さまざまな問題を抱えている親たちが自らの口でその悩みを打ち明けることもそう多くないであろう。保育士は、児童のケアワークを担う専門職だからこそ、児童やその親の抱えている言葉にできないさまざまな課題をもっとも早い時点で発見できる専門職であるといっても過言ではない。よって、時には保育士がソーシャルワーク的な実践を担うこともあり得るであろうし、また、保育士が今日、ソーシャルワークを専門的に担うようになった社会福祉士や精神保健福祉士などのソーシャルワーカーと連携することが求められるのである。

引用・参考文献

1) 白澤政和 (2015)「はじめに」社会福祉士養成講座編集委員会『新・社会福祉士養成講座7 相談援助の理論と方法Ⅰ 第3版』中央法規，中表紙直後：ページ数無掲載.

2) 社団法人日本社会福祉士会 (2009)『改訂 社会福祉士の倫理 倫理綱領実践ガイドブック』中央法規.

3) 岩間伸之 (2013)「ケースワーク (social casework)」山縣文治・柏女霊峰 (編集委員代表)『社会福祉用語辞典―第9版―』ミネルヴァ書房，p.75.

4) 新村出 (1998)『広辞苑 第五版』岩波書店，p.1551.

5) 野﨑瑞樹 (2011)「第8章 対人交流とコミュニケーション」『新・社会福祉士養成講座2 心理学理論と心理的支援―心理学 第2版』中央法規，pp.105-117.

6) 大島實 (2004)「C. 医療ソーシャルワーク業務」『系統看護学講座 専門基礎9 社会保障制度と生活者の健康［3］社会福祉』医学書院，p.247-257.

7) 白澤政和「第1章 相談援助とは」社会福祉士養成講座編集委員会，前掲書，p.9.

8) 白澤政和，前掲書，p.11.

9) 社団法人日本社会福祉士会，前掲書，p.30.

10) 中村和彦 (2010)「第6章 さまざまな実践モデルとアプローチⅠ 第2節 治療モデル，生活モデル，ストレングスモデル」社会福祉士養成講座編集委員会『新・社会福祉士養成講座8 相談援助の理論と方法Ⅱ 第2版』中央法規，pp.131-135.

11) 横山登志子 (2008)『ソーシャルワーク感覚』弘文堂.

12) 白澤政和「第2章 相談援助の構造と機能」社会福祉士養成講座編集委員会，前掲書，pp.44-45.

13) 白澤政和，前掲書，pp.44-45.

14) 岩間伸之「ソーシャルワーカーの役割」山縣文治・柏女霊峰，前掲書，p.251.

15) 笠原幸子「ケアワーク (care work)」山縣文治・柏女霊峰，前掲書，p.72.

16) F. P. バイステック著，尾崎新・福田俊子・原田和幸訳 (2006)『ケースワークの原則―援助関係を形成する技法―(新訳改訂版)』誠信書房.

17) 笠原幸子，前掲書.

18) 厚生省児童局 (1957)『保育児童のケースワーク事例集』財団法人日本児童福祉協会.

第2章 社会福祉の制度と実施体系

1 社会福祉の制度と法体系

(1) 社会保障

　社会保障とは「国民の生活の安定が損なわれた場合に、国民に健やかで安心できる生活を保障することを目的として、公的責任で生活を支える給付を行うもの」である。日本では死亡、疾病、外傷、老齢、障害、失業、低所得等の事由により、自立した社会生活を維持できなくなる場合に対して、社会生活の安定等を目的に所得保障や社会的サービスを給付する社会保障制度を整備している。個人の責任や努力だけで対応できないリスクに対して、社会の構成員が相互に連帯して支え合いながらも、困窮等が生じる場合に国民に対し必要な生活保障を国家等が行うのが、日本における社会保障制度の役割であるといえる。

　日本国憲法第25条では「すべて国民は、健康で文化的な最低限度の生活を営む権利を有する」という生存権が規定され、「国は、すべての生活部面について、社会福祉、社会保障及び公衆衛生の向上及び増進に努めなければならない」という、国の生存権保障義務が規定されている。これは、生存権の保障について定めるとともに、生存権を保障することが国の責務だと規定しており、この第25条に基づいて日本政府は国民の「健康で文化的な最低限度の生活」を保障する社会保障制度整備を進めている。

　この、日本における社会保障制度は、大きく4つの柱から成り立っている（表2-1）。

　表2-1に示したように、社会福祉は狭義には社会保障の一領域を構成している。その一方で、今日では生活保護や児童手当等を含む福祉サービス等の給付活動も、広く社会福祉と考える場面も多く、本章でも社会福祉を広義の概念でとらえている。

(2) 社会福祉

　戦後日本では戦災による生活困窮者支援等を中心に社会福祉事業が展開されてき

表2-1　社会保障の概要

	概　　要	主な内容
社会保険	あらかじめ保険加入者が保険料を支払い、死亡、疾病、外傷、老齢、障害、失業が生じる等生活困難が生じた場合に一定の給付を行い、生活の安定を図ることを目的とした保険制度。 　社会保険は上記のような場合に生じる恐れのある生活上のリスクによって生活困窮が生じることを予め防ごうとする「防貧制度」であり、困窮の原因を問わない「無差別平等の原理」と、日本国憲法第25条に規定された、健康で文化的な最低限度の生活を保障する「最低生活保障の原理」（ナショナル・ミニマム）に基づく制度である。 　日本では各保険集団が集団の構成員に保険への強制加入を求める形態を採用し、「国民皆保険」「皆年金」制度となっている。	医療保険 年金保険 介護保険　等
公的扶助	日本国憲法第25条に規定された、健康で文化的な最低限度の生活を維持することが困難な社会的な生活困窮者に対して、経済的援助により一定水準の生活保障を行い、自立を支援する制度。 　公費（租税等）を財源とし、受給権者に保険料負担（醸出義務）がない点が社会保険と異なる。	生活保護 児童手当　等
社会福祉	障害者や高齢者等の中で社会生活を営む上で何らかの支援（療育や介護等）を必要とする者に対し、生活水準の向上のため政策、施策、（事務）事業、施設を整備したり、サービスを提供したりする制度。 　日本では支援を必要とする対象者に応じて「児童福祉法」「障害者総合支援法」等の法律が制定され、法律を基に具体的な支援制度、支援内容等が規定されている点が特徴的である。	児童福祉 障害者福祉 高齢者福祉 母子及び寡婦 福祉　等
公衆衛生	地域社会において住民の健康の保持・増進をはかり、感染症等の疾病を予防する保健衛生に関わる制度。 　環境衛生、産業衛生、食品衛生や、生活習慣病等の対策も含まれる。	母子保健 老人保健 学校保健　等

（筆者作成）

た。そのため1951（昭和26）年には「社会福祉事業法」（1951（昭和26）年3月29日法律第45号）が制定され、同法を中核とした社会福祉事業が行われてきたのである。社会福祉事業法の制定により、行政における福祉事務所整備や福祉サービス供給を担う社会福祉法人が整備され、今日にいたるまでの社会福祉の骨格が形成されてきたといえる。

　そして2000（平成12）年「社会福祉基礎構造改革」に基づき、同年5月29日法律第111号「社会福祉事業法等の一部を改正する法律」により法律名が「社会福祉法」に改正された。この改正により、社会福祉事業を第一種社会福祉事業及び第二種社会福祉事業とすること（第2条）、福祉サービスは「個人の尊厳の保持を旨とし、その内容は、福祉サービスの利用者が心身ともに健やかに育成され、又はその有する能力に応じ自立した日常生活を営むことができるように支援するものとして、良質かつ適切なものでなければならない」こと（第3条）が規定された。それとともに、「地域住民、社会福祉を目的とする事業を経営する者及び社会福祉に関する活動を行う者は、相互に協力し、福祉サービスを必要とする地域住民が地域社会を構成する一員として日常生活を営み、社会、経済、文化その他あらゆる分野の活動に参加する機会が与えられるように、地域福祉の推進に努めなければならない」という地域福祉の推進や、「社会福祉を目的とする事業を経営する者は、その提供する多様な福祉サービスについて、利用者の意向を十分に尊重し、かつ、保健医療サービスその他の関連するサービスとの有機的な連携を図るよう創意工夫を行いつつ、これを総合的に提供することができるようにその事業の実施に努めなければならない」という福祉サービス提供の原則等、社会福祉の基本的性格が定められた。さらに福祉事務所、社会福祉審議会、社会福祉主事、社会福祉法人等の社会福祉行政制度や、福祉サービス供給者に関する規定や利用者の権利擁護等の社会福祉システムに関する規定がなされた。

　このような社会福祉の基本構造に関する規定の下、日本では領域別に具体的な福祉サービスの提供内容や仕組みが各法律によって規定され、充実されてきた歴史がある。それらは「社会福祉六法」（生活保護法、児童福祉法、母子及び寡婦福祉法、老人福祉法、身体障害者福祉法、知的障害者福祉法）、あるいは「社会福祉八法」（児童福祉法、母子及び寡婦福祉法、老人福祉法、高齢者の医療の確保に関する法律（老人保健法）、身体障害者福祉法、知的障害者福祉法、社会福祉・医療事業団法、社会

福祉法）と呼ばれている。

　日本ではこのように、社会福祉六法あるいは八法を中核とする対象別の法体系を採用しているため、実際の社会福祉サービスも法体系をベースとして構築されている。そのため、保育士は児童福祉法のみならず関連する社会福祉関連法についても知識を深め、援助対象となる保護者や家庭の状況に応じた福祉サービスの利用に関する情報等を提供できる知識が求められる。

2　社会福祉施設など

　主な児童福祉施設の設置数および目的は**表2-2**のようになっている。

　児童福祉施設は各施設で求められる目的（機能）や対象が異なるため、それぞれに応じた相談援助が行えるような専門性が保育士に求められる。

　例えば乳児院には年齢的に診断名がつかないものの「育てにくさ」を感じる「発達上困難を抱える子ども」が多い傾向にあるため、保護者には「育てにくさ」に寄り添う支援とともに、障害や特別な支援ニーズに関する専門的な知識に基づいた支援を行う必要性が生じる。また乳児院の入所理由として、母親の疾病（精神疾患を含む）、虐待、ネグレクト、父母 就労、受刑等があげられるが、近年では特に母親の精神疾患や虐待を理由とする入所が増加傾向にあり、医師等と連携して保護者の精神状態を踏まえた支援を行うことも求められている。

　さらに乳児院や児童養護施設では、保護者の状況によっては面会の機会が年1回〜数回という家庭も少なくない。面会を希望しない保護者も存在する。また、面会を希望するものの経済的事情等で実現困難な家庭もある。つまり、接触機会が限られてしまう家庭も少なからず存在するのである。様々な理由から、相談の機会を設けることが困難で、限られた援助の中で家族の「再統合」を目指していくことが求められる事例もある。このような場合の相談援助では、相談だけでなく面会機会を増やすような働きかけも求められる。

　他にも児童発達支援センターでは、保護者の「障害受容」の状況に応じた相談や福祉サービスに関する情報提供、さらには小学校への移行期支援や学齢期以降の特別支援教育、きょうだい児がいる場合はきょうだい児支援等を検討し、実施する必

表2-2　主な児童福祉施設の設置数および目的

	施設名		施設数	目 的
児童福祉施設	助産施設		391	保健上必要があるにもかかわらず、経済的理由により、入院助産を受けることができない妊産婦を入所させて、助産を受けさせること
	乳児院		134	乳児を入院させて、これを養育し、あわせて退院した者について相談その他の援助を行うこと
	母子生活支援施設		235	配偶者のない女子又はこれに準ずる事情にある女子及びその者の監護すべき児童を入所させて、これらの者を保護するとともに、これらの者の自立の促進のためにその生活を支援し、あわせて退所した者について相談その他の援助を行うこと
	保育所		25,580	保育を必要とする乳児・幼児を日々保護者の下から通わせて保育を行うこと
	小規模保育事業所		1,555	
	児童厚生施設	児童館	4,613	児童遊園、児童館等児童に健全な遊びを与えて、その健康を増進し、又は情操をゆたかにすること
		児童遊園	2,781	
	児童養護施設		609	保護者のない児童、虐待されている児童その他環境上養護を要する児童を入所させて、これを養護し、あわせて退所した者に対する相談その他の自立のための援助を行うこと
	障害児入所施設	福祉型	267	保護、日常生活の指導及び独立自活に必要な知識技能の付与
		医療型	200	保護、日常生活の指導、独立自活に必要な知識技能の付与及び治療
	児童発達支援センター	福祉型	467	日常生活における基本的動作の指導、独立自活に必要な知識技能の付与又は集団生活への適応のための訓練
		医療型	106	日常生活における基本的動作の指導、独立自活に必要な知識技能の付与又は集団生活への適応のための訓練及び治療
	児童心理治療施設（情緒障害児短期治療施設）		40	家庭環境、学校における交友関係その他の環境上の理由により社会生活への適応が困難となった児童を、短期間、入所させ、又は保護者の下から通わせて、社会生活に適応するために必要な心理に関する治療及び生活指導を主として行い、あわせて退所した者について相談その他の援助を行うことを目的とする施設とする
	児童自立支援施設		58	不良行為をなし、又はなすおそれのある児童及び家庭環境その他の環境上の理由により生活指導等を要する児童を入所させ、又は保護者の下から通わせて、個々の児童の状況に応じて必要な指導を行い、その自立を支援し、あわせて退所した者について相談その他の援助を行うこと
	児童家庭支援センター		103	地域の児童の福祉に関する各般の問題につき、児童に関する家庭その他からの相談のうち、専門的な知識及び技術を必要とするものに応じ、必要な助言を行うとともに、市町村の求めに応じ、技術的助言その他必要な援助を行うほか、第二十六条第一項第二号及び第二十七条第一項第二号の規定による指導を行い、あわせて児童相談所、児童福祉施設等との連絡調整その他厚生労働省令の定める援助を総合的に行うこと
学校等	幼稚園		11,138	義務教育及びその後の教育の基礎を培うものとして、幼児を保育し、幼児の健やかな成長のために適当な環境を与えて、その心身の発達を助長すること
	幼保連携型認定こども園		2,760	義務教育及びその後の教育の基礎を培うものとしての満三歳以上の幼児に対する教育及び保育を必要とする乳児・幼児に対する保育を一体的に行い、これらの乳児又は幼児の健やかな成長が図られるよう適当な環境を与えて、その心身の発達を助長すること

（平成27年社会福祉施設等調査（平成27年10月1日現在）および、
平成28年度学校基本調査（速報値）（平成28年5月1日現在）より筆者作成）

要がある。

以上のように児童福祉施設での相談援助に関して、保育士は相談援助の技術等だけでなく、各家庭の状況に応じて相談援助が行えるよう関連する福祉サービス等の情報にも精通し、提供ができる専門性を身につける必要がある。

3 社会福祉の専門職

社会福祉および保育所等の児童福祉施設に関連する業務を担う専門職の一覧を、表2-3にまとめた。

児童福祉施設における相談援助では、保育士だけでなく保護者等のニーズに応じて専門職と連携して援助を進めることが期待される。

家庭における経済的困窮等の課題を抱えており、環境への働きかけが必要な事例では、社会福祉士との連携が求められる。保護者に精神疾患等がある場合には、精神保健福祉士の支援も得られることが望ましい。対象児が障害のある児童の場合は、障害の診断や投薬等の医療的な支援について医師や発達検査を行う臨床心理士、臨床発達心理士等の役割が重要であり、支援では障害や状態に応じて介護福祉士、義肢装具士、視能訓練士、言語聴覚士、理学療法士、作業療法士などとの連携が求められる。偏食等の摂食に関する課題では栄養士、齲歯の治療等では、障害児の特性に応じた治療や予防のため歯科医師、歯科衛生士との連携が必要となる事例も多い。他にも、小学校や特別支援学校等への就学、移行支援に関しては特別支援教育支援士の資格を持つ教員が助言を行い、移行がスムーズとなった事例も確認されている。

児童福祉施設ではこれらの専門職との連携により、対象児及びその保護者のニーズに応じた相談援助体制を構築することが、組織的対応上不可欠であると考えられる。

参考文献

柏女霊峰・橋本真紀編（2011）『保育相談支援』ミネルヴァ書房.

木村志保・津田尚子編（2016）『学び、考え、実力をつける家庭支援論　第2版』保育出版社.

小林育子（2013）『保育相談支援　第2版』萌文書林.

大嶋恭二・金子恵美編（2011）『保育相談支援』建帛社.

民秋言・杤尾勲・無藤隆編，福丸由佳・安藤智子・無藤隆編著（2011）『保育相談支援』北大路書房

表2-3　社会福祉の専門職一覧

資格等名称	根拠法・認定機関等	概　要	主な役割例
社会福祉士	社会福祉士及び介護福祉士法	専門的知識及び技術をもつて、身体上若しくは精神上の障害があること又は環境上の理由により日常生活を営むのに支障がある者の福祉に関する相談に応じ、助言、指導、福祉サービスを提供する者又は医師その他の保健医療サービスを提供する者その他の関係者との連絡及び調整その他の援助を行うことを業とする者	児童に対する相談援助 保護者等に対する相談援助
介護福祉士	社会福祉士及び介護福祉士法	専門的知識及び技術をもつて、身体上又は精神上の障害があることにより日常生活を営むのに支障がある者につき心身の状況に応じた介護を行い、並びにその者及びその介護者に対して介護に関する指導を行うことを業とする者	肢体不自由児、重症心身障害児等の介護
精神保健福祉士	精神保健福祉士法	精神障害者の保健及び福祉に関する専門的知識及び技術をもって、精神科病院その他の医療施設において精神障害の医療を受け、又は精神障害者の社会復帰の促進を図ることを目的とする施設を利用している者の地域相談支援の利用に関する相談その他の社会復帰に関する相談に応じ、助言、指導、日常生活への適応のために必要な訓練その他の援助を行うことを業とする者	精神疾患等のある保護者への支援
義肢装具士	義肢装具士法	医師の指示の下に、義肢及び装具の装着部位の採型並びに義肢及び装具の製作及び身体への適合を行うことを業とする者	義肢、装具の製作 義肢装具の適合（調整）
視能訓練士	視能訓練士法	医師の指示の下に、両眼視機能に障害のある者に対するその両眼視機能の回復のための矯正訓練及びこれに必要な検査を行なうことを業とする者	視機能検査 斜視、弱視等のある児童への支援
言語聴覚士	言語聴覚士法	音声機能、言語機能又は聴覚に障害のある者についてその機能の維持向上を図るため、言語訓練その他の訓練、これに必要な検査及び助言、指導その他の援助を行うことを業とする者	補聴器フィッティング 言語訓練 嚥下障害児の摂食・嚥下訓練
理学療法士	理学療法士及び作業療法士法	医師の指示の下に、理学療法を行なうことを業とする者（「理学療法」とは、身体に障害のある者に対し、主としてその基本的動作能力の回復を図るため、治療体操その他の運動を行なわせ、及び電気刺激、マッサージ、温熱その他の物理的手段を加えること）	動作分析 運動療法（運動機能訓練） 物理療法（電気刺激、温熱等）

資格等名称	根拠法・認定機関等	概　要	主な役割例
作業療法士	理学療法士及び作業療法士法	医師の指示の下に、作業療法を行なうことを業とする者（「作業療法」とは、身体又は精神に障害のある者に対し、主としてその応用的動作能力又は社会的適応能力の回復を図るため、手芸、工作その他の作業を行なわせること）	感覚統合療法寝具、生活用品等の適合（調整）
医師	医師法	医療及び保健指導を掌ることによって公衆衛生の向上及び増進に寄与し、もつて国民の健康な生活を確保するもの	障害の診断健康診断投薬指示
歯科医師	歯科医師法	歯科医療及び保健指導を掌ることによつて、公衆衛生の向上及び増進に寄与し、もつて国民の健康な生活を確保するもの	齲蝕（むし歯）治療口腔検査矯正
保健師	保健師助産師看護師法	保健指導に従事することを業とする者	乳幼児健診保護者に対する養護相談フォローアップ教室
助産師	保健師助産師看護師法	助産又は妊婦、じよく婦若しくは新生児の保健指導を行うことを業とする女子	乳児家庭全戸訪問健康相談
看護師	保健師助産師看護師法	傷病者若しくはじよく婦に対する療養上の世話又は診療の補助を行うことを業とする者	病児・病後児保育健康管理職員の健康管理
栄養士・管理栄養士	栄養士法	（栄養士）栄養の指導に従事することを業とする者	給食管理食育偏食指導
歯科衛生士	歯科衛生士法	歯科医師の指導の下に、歯牙及び口腔の疾患の予防処置として次に掲げる行為を行うことを業とする者	歯科保健指導摂食指導
臨床心理士	公益財団法人日本臨床心理士資格認定協会認定資格	学校教育法に基づいた大学、大学院教育で得られる高度な心理学的知識と技能を用いて臨床心理査定、臨床心理面接、臨床心理的地域援助及びそれらの研究調査等の業務を行う	臨床心理査定保護者等に対する相談援助保育士等への相談援助
臨床発達心理士	一般社団法人臨床発達心理士認定運営機構認定資格	発達的な観点から様々な年代の困難を抱えた人たちを援助する仕事をする専門職	発達査定保護者等に対する相談援助保育士等への相談援助
特別支援教育支援士	一般財団法人特別支援教育士資格認定協会認定資格	LD・ADHD等のアセスメントと指導の専門資格	保育士等への相談援助

（筆者作成）

第3章　相談援助の方法と技術

1　相談援助の対象

　相談援助は福祉専門職が行う支援技術のことである。したがって、悩みや生活上の問題を聞いたり、アドバイスをしたりすることのみが相談援助ではない。悩みや生活上の問題を聞くことやアドバイスをすることはもちろんのこと、解決に向けての情報の収集・分析、社会サービスの調整、関係者への働きかけなど、さまざまな援助活動が含まれる。

　保育士が行う相談援助の対象は、日常的に保育を行っている子どもやその保護者、あるいは家族が想定される。また、所庭開放や一時保育のときに、普段はかかわりのない子育て家庭が、保育所や保育士に相談を持ちかけることも考えられる。この場合は、個人や家族が対象となる。保育所や施設には保護者会を行っているところや、学習会のようなことを実施しているところもある。この場合は集団が対象となる。保育所や施設では、高齢者施設への訪問や避難訓練の際の他機関の利用など、地域の施設、機関を活用することがあり、地域の施設や機関も相談援助の対象となる。さらに最近では、保育所建設反対運動などのように、地域住民との調整、対応も保育士の役割となり、地域住民や地域社会も相談援助の対象となることが考えられる。

2　相談援助の展開の概要

　相談援助は、インテーク→アセスメント→プランニング→カンファレンス→インターベンション→モニタリング→エバリュエーション・終結の流れで展開する。この流れは、常にこの順番通りに展開するわけではなく、同時並行することもあれば、一進一退することもある。モニタリングの結果、新しい情報を獲得することになれば、モニタリングとアセスメントは一体的に行われることとなり、その結果、再度

23

プランニングをすることになる。相談援助の展開過程は、図3-1のようなイメージとなる。

図3-1　相談援助の展開過程

(筆者作成)

3　インテーク

インテークは「受理面接」と訳されることもある。インテークは初回の面接であり、この過程からすでに援助は始まっている。インテークでは次のようなことが行われる。

①利用者の主訴の確認や問題状況を明確化する。
②援助者の機関の説明を行う。
③利用者のケースについて、援助者ならびに援助者の所属している機関で対応できるかどうかを判断する。
④ケースを担当することができない場合は、状況を説明し、必要に応じて他機関の紹介等を行う。

インテークでは、次のアセスメントの過程に進んでいくためにも、利用者と信頼関係を築き、問題解決への意欲を引き出しておく必要がある。初回の面接ということもあり、利用者は不安で緊張感が高いことも考えられる。そのため、援助者は利用者に安心感をもたらすようなかかわりを心掛け、次回以降の面接への動機づけを促すようにかかわることが求められる。

4 アセスメント

　インテークで相談援助を行うことが決まると、アセスメントの過程へと進む。アセスメントは「事前評価」といわれることもあり、情報収集と情報分析を行う過程である。アセスメントでは次のようなことが行われる。

①情報収集は利用者本人だけではなく、家族や関係者等からも聞き取りをし、総合的に行う。利用者本人以外から情報を収集する際は、利用者の同意に基づいて行う。
②アセスメントを行うときは、利用者の弱い面に注意が向きがちになるが、利用者の強さ（対処能力、可能性、潜在能力等プラスの側面）も積極的に取り上げていく。
③問題解決に必要な社会資源の情報も収集しておく必要がある。
④アセスメントは、実際に援助が始まってからも継続的に行われるもので、援助の進展とともに変化、追加される情報も収集する。

　情報を収集するためには、様々な方法が考えられる。代表的な収集方法は以下の通りである。

①利用者への面接
②利用者の家族や関係者への面接や聞き取り
③利用者宅への訪問
④利用者とかかわりのある機関等への聞き取り・記録の確認
⑤問題解決に必要であると思われる社会資源のホームページの閲覧やパンフレットの入手、訪問等

　アセスメントを行う際は、アセスメントシートのようなものを活用したり、エコマップやジェノグラムのようなマッピング技法を駆使したりして、幅広く情報収集に努める。ジェノグラムとは、利用者の家族や親族関係などを整理した図（図3-2）

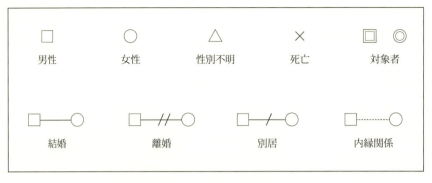

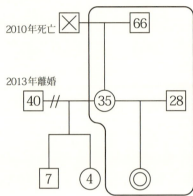

図3-2 ジェノグラムの記入例

(筆者作成)

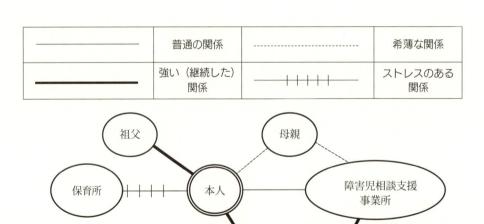

図3-3 エコマップの記入例

(筆者作成)

26

で、エコマップは、利用者等を取り巻く環境を整理した図 (図3-3) である。アセスメントは一回きりで終わるものではなく、次の過程であるプランニングまでに数回行うことがあり、援助開始後にも継続的にアセスメントを行う意識を持っておく必要がある。

5 プランニング

プランニングは、「援助の計画づくり」のことである。アセスメントの内容を踏まえ、プランニングを行う。プランニングでは、目標の設定、目標達成のための手段や期間などの設定を行う。目標の設定でのポイントは、以下の通りである。

①短期目標と長期目標を定める。長期目標を定め、長期目標への方向性のもと、短期目標を設定する。短期目標はすぐにでも実行に移せるような目標とする。
②目標は、具体的で、取り組むべき内容や援助が明確となるようにする。
③達成できているかどうかモニタリング (検証) できる内容にしておくことが望ましい。
④利用者等の生活を鑑み、実現可能なものにする。
⑤利用者等の状況や希望などを考慮し、変更等を含めて柔軟に対応する。
⑥目標の設定、目標達成のモニタリング (検証) 等は利用者と協働する。目標は利用者の合意が必要であり、支援そのものを効果的に行う観点からも協働して設定する。

目標の設定が完了すると、目標達成のための手段や期間を設定する。手段や期間を設定するうえでのポイントは、以下の通りである。

①実行可能なものとする。社会資源へのアプローチの可能性や利用者の動機づけなどを考慮に入れ、実行できる内容とする。ソーシャルワーカーの力量も考慮に入れる。
②状況の変化や利用者の希望によって臨機応変に修正・変更することも必要とな

る。必要に応じて再アセスメントを行い、プランニングに反映させる。

③具体的なものにする。利用する社会資源やタイミングを明確化しておく。社会
　資源利用の費用や、利用するにあたっての重要事項も把握しておく。

　プランニングは、利用者と協働して作成する。実施することが前提となるため、
実施を想定して、可能な限り具体的な内容にしておく必要がある。具体性に欠ける
プランニングは、実施の遅れや未実施につながることもあり、結果的に利用者の意
欲を削ぐことにつながりかねない。利用者並びに利用者を取り巻く環境は日々変化
するため、必要に応じてプランニングの内容を修正・変更する。このときも利用者
と協働して行う。

6　カンファレンス

　カンファレンスは会議と訳されることが多く、援助の関係者が情報の共有や共通
認識を持つために実施する。カンファレンスの次の段階であるインターベンション
では、複数の関係者が援助にあたることが考えられるため、共通認識を図るうえで
重要なプロセスとなる。特にプランニングが変わった際は、インターベンション実
施以前にカンファレンスを実施し、共通認識を図っておかなければならない。カン
ファレンスでは、新しい情報の提供がなされることが考えられ、必要に応じてプラ
ンニングを修正することもある。
　カンファレンスの目的としては、以下のようなものが考えられる。

①プランニングの共有
②新しい情報の提供とプランニングの調整
③援助者の役割の分担と確認
④援助者同士の相互理解

　カンファレンスを実施する際、事前準備を怠ると実施そのものが難しくなること
もある。また、カンファレンスにはすべての関係者が参加できるとは限らないため、

参加できない人の意見聴取やカンファレンスの内容の報告も行わなければならない。

カンファレンスを実施するときの注意事項として、以下のようなものが考えられる。

①情報の漏えいが防げる場所と関係者が集まれる時間の確保
②アセスメントシートやプランニングを反映させたシート（支援計画等）の準備
③進行役と記録役の決定
④カンファレンスの記録の保管場所と開示ルールの決定
⑤不参加者への事前の意見聴取と報告
⑥次回のカンファレンスの実施予定の決定

カンファレンスは1回きりで終わるものではなく、プランニングの変更があった際は、実施する必要がある。特にモニタリング実施後は、再アセスメントとプランニングの過程に引き続いて、カンファレンスが実施され、インターベンションへとつながる。

7　インターベンション

インターベンションは「介入」と訳されることが多く、援助の実施を意味する。インターベンションは、原則としてプランニング内容をもとにして進めていくことになる。インターベンションの対象は、個人にとどまらず、家族や地域社会などさまざまな社会資源に及ぶ。つまり、インターベンションは直接的に利用者に働きかけて援助していく方法と、利用者の環境等に働きかけていく間接的な援助方法とに分けて考えることができる。

直接的な支援方法としては、以下のようなものが考えられる

①利用者の相談内容を傾聴することで、利用者、援助者双方が状況や課題を明確化する。
②利用者の相談内容を傾聴し、受容、共感することで、利用者の負担感を軽減さ

せ、課題解決への意欲を高める。

③課題解決につながる行動を確認し、その行動を実践してもらうとともに、経過
　を確認する。

間接的な援助方法としては、以下のようなものが考えられる。

①課題解決に使えそうな社会資源を検討し、利用者に紹介し、その利用を促す。
　また、利用がスムーズにいくようにするため、事前に調整を行っておく。
②"患者会"や"親の会"などのような当事者組織をつくるなど、社会資源の開
　発を行う。
③利用者に代わって利用者の訴えを代弁する（アドボカシー）。
④行政機関を始めとする関係機関に働きかける（ソーシャルアクション）。

インターベンションは、利用者の合意をもとに進めていく必要がある。インター
ベンションにスムーズに移行するためには、前段階であるアセスメントやプランニ
ングの段階で、利用者とラポール（信頼関係）を形成し、協働できる状態にしておく
必要がある。そのうえで、インターベンションの段階でも途中で、利用者の意向や
援助の進展具合を確認しながら進めていく必要がある。

8　モニタリング

モニタリングとは、インターベンションの実施中に、利用者や利用者に関わる環
境の状況を確認し、継続的に評価を行うことである。インターベンションを行うこ
とで、利用者自身や利用者に関わる環境がどのように変化しているかを評価する。
インターベンションによって、利用者や周囲の環境がどのように変化しているかに
よって、援助者はインターベンションをプランニングに沿って続けるのか、修正す
るのかを判断する必要が生じる。想定していたような変化が起こらずインターベン
ションの効果がないと考えられる場合は、現在のインターベンションを修正したり
中断したりし、必要に応じて再アセスメントや、新たなプランニングをし直す必要

がある。

モニタリングを実施する際の注意点は、以下のようなものが考えられる。

①プランニングに基づいて（目標の達成状況、インターベンションの実施状況や実施時期など）評価を行う。
②利用者とともに評価を行う。インターベンションそのものや、目標達成に対する利用者の評価を取り入れる必要がある。
③想定していたような変化が起こっていた場合も、その変化がインターベンションによるものかどうか評価を行う。

プランニングに基づく、予定されたインターベンションが終了した場合や、設定していた期限となった場合、目標が達成したと判断できる場合は、次のエバリュエーション・終結の段階へと進む。

9　エバリュエーション・終結

エバリュエーションは「事後評価」と言われることもあり、プランニング内容が終了した場合に行う評価である。モニタリングがインターベンションの途中に行う評価であるとすれば、エバリュエーションはインターベンションが終了した時点で行う評価と言える。エバリュエーションでは、利用者とともに今までの援助プロセスを振り返り、目標を達成したと判断できた場合に、終結を迎えることになる。しかしながら、終結の段階とするのは目標達成以外にも以下のような場合が考えられる。

①最初に利用者と援助者で合意した援助期間が終了した場合。
②転居等、援助の継続が難しくなった場合。
③利用者と援助者との援助関係が深まらず、援助そのものの効果が得られないと判断された場合。
④新たな問題（疾病、虐待等）が発生し、他の機関や援助者が援助を行うほうが適

切であると判断された場合。

終結の段階では、以下の点に注意をする必要がある。
①目標が達成できているかどうかを利用者と冷静に評価し、援助者と利用者の双方が合意する。
②終結を迎え、援助関係は終了するが、必要に応じて相談等の対応（アフターケア）を行うことを伝える。
③目標達成以外の理由で終結する場合は、所属機関の上司や同僚なども交え、評価を行い、判断する。

　以上のように、相談援助の展開過程を述べてきた。実際の援助の場面では、カンファレンスやインターベンション中に新しい情報が入り、アセスメントを行う必要が生じることもある。相談援助では、利用者や利用者の環境に働きかけて変化を起こそうとするため、当初のアセスメントに変化が生じることになり、プランニングにも変化が生じることになる。相談援助のプロセスでは変化に気づき、対応できるようにするため、利用者と信頼関係を構築し、すべての段階で協働し、柔軟に対応していくことが求められる。相談援助は1人で実施するものではなく、ケース会議やスーパービジョン（上司や先輩職員からの指導や支援）などを通じて、援助者自身も支援を受けつつ進めていくことになる。

参考文献

桐野由美子編著（2012）『保育者のための社会福祉援助技術』樹村房.
小林育子・小舘静枝編（1999）『保育者のための社会福祉援助技術』萌文書林.
杉本敏夫・住友雄資編著（2008）『改訂新しいソーシャルワーク―社会福祉援助技術入門』中央法規.
前田敏雄監修（2011）『学ぶ・わかる・みえるシリーズ　保育と現代社会　円数・保育と相談援助』みらい.
日本相談支援専門員協会編集（2016）『障害のある子の支援計画作成事例集　発達を支える障害児支援利用計画と個別支援計画』中央法規.
吉田眞理著（2015）『生活事例からはじめる相談援助』青踏社.

第4章　相談援助の具体的展開

　本章では、相談援助の具体的展開過程を説明しながら、まず「計画・記録・評価」の意義について述べ、その上で相談援助の展開に必要な「関係機関との協働」「多様な専門職との連携」「社会資源の活用・調節・開発」について説明することとする。

1　計画・記録・評価

（1）相談援助の契機

　相談援助の具体的展開過程は、利用児・者（以下、利用児）、保護者から相談の要求が示されて始められる場合と、保育士や施設側が必要性を認識し、相談の機会を設ける場合とに大きく分けることができる。

　利用児、保護者からの要求により相談が始められる場合、保育や療育活動中に利用児から持ちかけられる、あるいは登降園時に保育室や玄関等で保護者から話を持ちかけられるような短期的・突発的に行われるものや、予め要求を受けて場所・時間等の事前準備を経て長期的・計画的に行われるものなどがある。短期的・突発的なものに関しては計画を立案することが困難な場合もあるが、相談内容が継続する場合は1回目の相談後に計画立案が必要であり、単発的に終わる場合は記録・評価を行って、今後の相談業務の資料とすることが求められる。

　長期的に対応することが求められる相談内容に関しては、しっかりと計画を立案し、施設として一貫して組織的な支援ができるようにする体制づくりが必要である。また計画を立案することで相談の時間を限定的に確保し、保育実践等の他の業務との両立を図ることも容易になると考えられる。社会福祉施設、児童福祉施設等において相談援助を行う際には、どのように始められる場合でも計画を立案して臨む体制をつくることが望ましいと言える。

表4-1　相談援助の具体的展開

ステップ	内容	主な取り組み	概要
0	インテーク	前提	施設側で相談援助業務のための体制整備やフォーマット等の作成、相談援助業務従事者への研修等の実施を行っておく必要がある。
1		情報収集	施設として日常的に利用児や保護者、地域等に関する情報を収集できるよう機能整備を行っておく必要がある。その上で相談者の相談内容に関連する情報を収集、精査、整理しておく必要がある。
2	アセスメント・プランニング・カンファレンス	事前評価	事前評価では、主訴（相談者の中心的な相談内容）と相談時に得られた情報、事前の情報収集等を総合的に検討し、計画立案のために以下の点を明らかにすることが求められる。 ①相談者の抱える「問題」の本質を同定する。 ②「問題」を生じさせている「要因」が何かを明らかにする。 ③相談者の希望や困難感、問題解決に取り組める状況であるか等をエンパワメントの視点から検討する。 ④問題解決に利用可能なリソースの検討を行う。
3		計画立案	事前評価に基づいて具体的に問題解決に取り組むための計画を立案する。
4		計画検討	立案した計画をケースカンファレンス会議等で検討することを通して、援助の方向性の妥当性を検証し、施設として援助できる体制を構築する。
5	インターベンション	援助実施	立案した計画に基づいて実際の援助（介入）を行う。
6	モニタリング	経過観察	援助により相談者の問題解決の取り組みがどのようになっているか観察を行う。ただ時間の経過を見守るのではなく、情報収集を行う必要がある。
7		中間評価	立案した計画および実施した援助について検討を行い、問題解決の経過や援助の方向性の妥当性、追加で必要な援助内容等を明らかにし、計画の修正を行う。
8		経過観察	中間評価を基に観察を行う。
9	エバリュエーション	事後評価	問題解決が行われたかどうかの判断およびこれまでの計画や援助の実際について妥当であったかどうか等を検証し、次の相談援助につなげていく。

（筆者作成）

(2) 計画・記録・評価

相談援助の展開過程は、表4-1に示したような流れとなる。この一連の展開過程の中で相談業務の質を上げるためには、適切な計画・記録・評価の実施が求められる。

1) 前提

まず相談援助業務の前提として、施設側で職員体制の整備を図る必要がある。具体的には相談援助業務の手順に関する確認の徹底や相談窓口（場合によっては職員）の設定、保護者等への告知、相談援助業務の技術向上のための研修会等があげられる。もちろんその前提としては職員間で協力できる組織文化づくりや職員間のラポール形成が必要となることは言うまでもない。

その上で利用児や保護者が保育士に対して相談しやすいような環境づくりも並行して行っていく。例えば、保育士が日頃から利用児や保護者に話しかける、連絡帳や電話でも相談を受け入れることを伝える、「園だより」等で告知するなどの取り組みが、保護者が保育士に相談しやすくなる環境づくりとして有効である。

2) 情報収集

相談援助業務を行う上では、日常的に相談対象となる利用児や保護者に関する情報の収集を組織的に行う必要がある。つまり計画を立案するため、活動中の利用児の姿、登降園時や保護者会時の保護者との会話、連絡帳等を通して、必要な情報の収集を行う必要がある。例えば保育所では具体的には保育記録や連絡帳等が情報リソースとなる。

また保育所や乳児院、児童養護施設等では利用児の情報に関して、主担当の保育士が入手しやすい／しにくい情報、主担当ではない職員等が入手しやすい／しにくい情報があるため、情報収集と共有のための情報交換会議等のシステムづくりも必要である。

3) 事前評価

事前評価とは保護者の主訴（相談者の中心的な相談内容）と相談時に得られた情報、事前の情報収集等を総合的に検討し、計画立案のための問題の所在や援助の方

向性を明らかにする作業である。

　事前評価は利用児や保護者の状況等に関するものだけではなく、利用児や保護者を取り巻く環境、利用可能な社会資源に対しても行うことが求められる。周囲の人間関係等が環境として影響を及ぼしている事例も少なくないため、保育所や児童発達支援センター等では利用児の在籍するクラスの集団構成等も評価する必要がある。

　そして、この事前評価および計画立案を行う際には、利用児や保護者に方針や具体的な取組内容等をしっかりと説明し、合意を得た上で援助を進めていく（アカウンタビリティ）。

4) 計画立案

　事前評価に基づき、相談援助を展開するための計画の立案を行う。計画は相談内容によって短期的な計画もあれば、長期的な計画もありうる。さらに計画はその他の援助に関する計画との関連性が重要になってくる。例えば障害のある児童であれば「個別の支援計画」や「個別の指導計画」が、児童養護施設等に入所している児童であれば「自立支援計画」が作成されているため、これらの計画と記述内容等の関連を図り、各計画の有効性を上げることができる。

5) 計画検討

　作成された計画はできるかぎり園長、主任保育士、保育士、栄養士、看護師、ソーシャルワーカー等と協議して、その援助の方向性や妥当性を検討する作業が必要である。またそれぞれの専門職が有する他の機関とのネットワークを活かし、よりよい援助が可能となる場合もあるため、援助内容の向上を図る観点からも検討の場を設ける意義が見出せる。

　計画の検討を行う際にはケースカンファレンス会議等、職員間の学習機会を設けるなどの工夫や、その際には記録等をしっかりと残し、今後の援助時の参考とするための資料を作成する。

6) 援助実施・経過観察

　立案、検討された計画に基づき実際に援助がなされる。援助の際には利用児や保護者の対処能力を強化するだけでなく、援助対象者と対象者を取り巻く環境を調整

する。さらに取り巻く環境の中で環境自体を調整したり、新たに開発したりすると
いった視点が援助者には求められる。この点は後述する社会資源の活用・調節・開
発と関連する。

　また援助を行う際には、環境調整等により生じる影響等を考慮して経過観察する
必要もある。特に急激な変化は利用児や保護者に負担をかけることもあるので、事
例によっては長期的な視点で対応する必要がある。その際には、微細な変化も見逃
さないようにする緻密な記録の収集が要求される。

7) 中間評価・事後評価

　相談援助の展開過程で特に困難なのが、問題解決の判断である。特に保護者支援
においては、援助過程で取り巻く環境が変化し、問題が長期化・複雑化することも
少なくない。そのため立案した計画に基づき援助を実施する中で、中間評価を行い、
問題の複雑化の有無や環境調整の必要性等を再度検証する必要が出てくる。

　中間評価では援助に主に携わる保育士だけでなく、他の保育士や園長、主任等と
ケースカンファレンス会議を開き、多角的に検証を行うことや、可能であれば援助
対象者からの聞き取りを行うことが有効である。

　また事後評価では、援助者が振り返りをしっかり行い課題を明らかにし、次の援
助に結びつけていくことが望ましい。また相談援助の一連の展開過程（計画・記録・
評価）をしっかりとまとめ、今後の参考となるように明文化することが求められる。
このような取り組みが施設（組織）の「実践知」となり、今後の援助の質的向上へと
つながっていくこととなる。

2　関係機関との協働

　保育所等での相談援助を行う上で、関係機関との連携は不可欠である。保育所保
育指針でも「地域の子育て支援に関する資源を積極的に活用するとともに、子育て
支援に関する地域の関係機関、団体等との連携及び協力を図ること」と記されてい
るように、保育所だけではなく、地域の関係機関と連携を取りながら子育て支援を
進めていくことが求められている。

特に今日の保護者支援や保護者からの相談内容は、課題の要因等が複雑に関連し合う事例が多く、保育所等の一支援機関だけで対応できる範疇を超えている内容が少なくない。そのため、各専門機関等の専門性を活かして、相談者のニーズに応じた支援体制を編成できるようなネットワークづくりが求められているのである。

　保育所を含む児童福祉施設と特に関連がある関係機関の一例を**表4-2**に示した。この表以外にも地域には子育て支援を行うNPO法人や、児童館、子ども家庭支援センター等を場として活動する保護者サークル等が存在する場合もある。これらの支援機関は行政支援機関では対応困難な相談者のニーズに対応できるサービスを提供している可能性もあり、これらのサービスも積極的に活用していきたい。

　このような関係機関との連携のためには、相談援助者が地域内で利用可能な関係機関に関する情報を入手し、日常的に情報交換等の交流を図っておくことが望ましいといえる。また関係機関等に関する「社会（地域）資源マップ」「リソースマップ」等を作成し、施設内に掲示しておき、保護者に情報提供することも望ましいと考えられる。

　さらに保育所や児童発達支援センターの場合、小学校や特別支援学校就学に際し、就学相談や就学先に関して相談を受ける事例も多い。今日小学校や特別支援学校では保育所、幼稚園、認定こども園、児童発達支援センター等との幼小接続を進めており、障害のある児童に関しても「就学（移行）支援シート」等のツールを活用して移行支援を行っている。保護者に関しても移行支援を利用することで子どもの就学に対する不安が低減すると、生活が安定する可能性が高まる。小学校や特別支援学校等の関係機関との連携も、相談援助の充実には欠かせない視点である。

3　多様な専門職との連携

　相談援助を行ううえでは、関係機関との連携と共に多様な他の専門職との連携（多職種連携）も求められる。他の専門職については第2章にも示したが、福祉、保育領域だけでなく、医療、保健や教育、心理領域等の専門職とも連携が求められる事例が多くある。

　複雑に関連しあう保護者の課題解決を図る際は、それぞれ固有の専門性を有する

表4-2　関係機関との連携例

関係機関等の名称	法的根拠	設置	相談援助・保育相談援助に関連する業務例
福祉事務所（福祉に関する事務所）	社会福祉法第14条	都道府県及び市（特別区）は必置、町村は任意設置	○児童扶養手当等の手続き ○生活保護の手続き ○保育所や母子生活支援施設等への入所手続き ○保護者支援機関等に関する情報提供
社会福祉協議会	社会福祉法第109条	都道府県、市区町村	○福祉サービスの利用に関する相談
児童相談所	児童福祉法第12条	都道府県、指定都市は必置（中核市、特別区は設置可能）	○養育等に関する相談 ○一時保護 ○乳児院、児童養護施設、児童発達支援センター等への入所措置 ○民法上の権限（家庭裁判所に対する親権者の親権喪失宣告の請求、未成年後見人選任及び解任の請求等）
保健所	地域保健法第5条	都道府県、特別区は必置、指定都市、中核市、その他の政令で定める市（保健所設置市）は設置可能	○保護者の精神保健等に関する相談 ○乳幼児健診 ○障害児の養育相談（「気になる子」へのフォローアップ教室の実施等） ○アレルギーに関する講習や教室の実施 ○栄養指導
市町村保健センター	地域保健法第18条	市町村は設置可能	○妊婦相談（母子健康手帳交付、母親教室の実施等） ○養育等に関する相談 ○新生児訪問 ○乳幼児健診 ○離乳食に関する講習や教室の実施 ○小児歯科に関する講習や教室の実施
発達障害者支援センター	発達障害者支援法第14条	都道府県、指定都市	○発達障害児の養育に関する相談 ○個別の支援計画等作成の助言 ○保育所等での支援に関する相談
民生委員・児童委員	民生委員法・児童福祉法		○養育等に関する相談 ○保護者支援機関等に関する情報提供

（筆者作成）

多職種連携を図ることにより、多角的に一つひとつの課題にアプローチすることで、解決の糸口を見出す可能性も高まるといえる。今日では、他の専門職との連携をはかる力、例えば連携を計画するためのプランニング能力、支援の目的、方向性を統一していくためのデザイン能力、協働の場をマネジメントしていくためのコーディネート能力等が保育士の備えるべき専門性の一領域として期待されているといえるだろう。

しかしながら多様な専門職との連携は簡単ではない。それは、それぞれ固有の専門性を有する専門職間で、支援の方向性やアプローチ方法の採択の際に異なる考えが生じることも珍しくないからである。そのため相互に連携の重要性を認識しつつも、「対立」といった状況が生じることも考えられる。このような場合参考となるのが「信念対立解決アプローチ」である（京極、2012）。同技法は主に「チーム医療」における信念対立を解決するために開発されたものであるが、保育や福祉現場における多職種連携における信念対立の解決にも多くのヒントが得られる技法となっている。

多職種連携は同質集団だけでは解決が困難な相談内容に対して解決策を見出すため、多くのヒントを生み出すことが可能となる方策である。相談援助に携わる際には、多職種連携で生じやすい課題の解決策も視野に入れて連携体制を構築していくことが必要なのである。

4　社会資源の活用・調節・開発

保育所等の児童福祉施設を利用している保護者、そして相談援助を求める保護者は何らかの福祉ニーズを有しており、そのニーズに対応していくことが保育士に求められる事例が多い。この保護者のニーズに対応する際に、2、3節で示したような関係機関や他の専門職との連携と共に、併せて社会資源の活用・調節・開発も検討し、可能であれば適切な社会資源を活用していく方法をとることが望ましいといえる。

例えば保育所を利用する子育て家庭においては、労働や介護等の理由で一時的に家庭での養育が困難になったり、契約時間に送迎を行うことが困難な状況が生じた

りする可能性がある。このような場合に近隣に在住する親族（祖父母、親戚等）に一時的に力を借りる、つまりインフォーマルな社会資源を利用できるのであればそれで対応可能だが、そのようなインフォーマルな社会資源を有していない家庭の場合、養育が著しく困難になる恐れが生じる。

　このような家庭の養育機能等が一時的な場合も含め、機能不全に陥るリスクを回避したり、機能を補完したりするために、社会資源を適切に活用したり、必要に応じて調節をしたり、場合によっては必要な社会資源を新たに開発することが求められる。

　児童福祉施設等を利用する保護者や家庭を支援する社会資源としては、大きく「フォーマルサービス」「インフォーマルサービス」「プロフィットサービス」があげられるだろう。

　フォーマルサービスは、国、都道府県、市区町村等の公的機関が法律や条例等を基に事業化して提供するサービスのことを指す。また社会福祉法人等が行政から委託を受けてサービスを提供する場合もある。日本ではフォーマルサービスを利用する際には、あらかじめ行政にサービス利用の必要性を保護者が示して利用手続を行い、行政による申請の検討を経て、必要性が認められればサービス提供を行うという流れをとるものが多い。そのため緊急的にサービス利用が必要となった場合等には課題があるものの、行政からの補助等が受けられると経済的負担は小さくなる。また経済的困窮を抱える家庭であれば自己負担がなくサービスを利用できる場合もあり、困窮者の「セーフティネット」として機能するサービスもある。フォーマルサービスは状況に応じて必要なサービス量や利用可能なサービス量が異なるため、相談援助等を通してサービスの調節を図ることが必要な場合もある。

　インフォーマルサービスは親族や友人、近隣住民等の血縁、地縁等を基にした相互扶助的な性格を有し、定められた形態ではないサービスを指す。そのため、利用申請等を経て利用するものではなく、必要なときに保育所からの送迎などを、親戚や同じ保育所に通所する児童の保護者に依頼するといった形で利用されるものである。フォーマルサービスに比べ、気軽に利用できる場合が多いため、特に子育て家庭には利便性が高いサービスである。一方で血縁、地縁等の関係性が希薄な状況では利用が困難なこともある。そのため、保育所等では保護者会等を通して保護者同士の交流の場を設定し、保護者間のつながりを深め、必要に応じて相互にインフォ

ーマルサービスが利用可能となるような社会資源の開発が求められる。

またプロフィットサービスという、利用者が必要に応じてサービス対価を負担し、サービスを利用するという方法もある。フォーマルサービスとは異なり公的助成が得られないため、サービス対価が負担できないと利用ができないという性格を有しているが、サービス対価の負担が可能な経済的状況下であれば、必要なときに必要な量のサービスを確保することが容易である点が特徴である。障がいのある乳幼児の療育ではフォーマルサービスだけでなく、プロフィットサービスも組み合わせて利用している家庭もあり、対象児の負担等を考慮してサービス供給を調節する役割が保育士に求められることもある。

これらのサービスを組み合わせて支援を行う際には、専門職である保育士が利用者に対してサービスの説明や利用方法を提示して、実際にサービス活用が可能となるような支援を行ったり、全体のサービス量の調節を行ったりする必要が生じる。また保護者のニーズに応じたサービス利用を行う提供者が見つからない場合には、サービス提供を行う社会資源の開発を関係機関等に働きかけていくことが必要な場合もあると推測される。相談援助の充実を図るためには、既存や新規の社会資源の活用・調節・開発の視点は不可欠であるといえる。

参考文献

柏女霊峰・橋本真紀編著（2011）『保育相談支援』ミネルヴァ書房.
木村志保・津田尚子編著（2016）『学び、考え、実力をつける家庭支援論　第2版』保育出版社.
小林育子（2013）『保育相談支援　第2版』萌文書林.
大嶋恭二・金子恵美編著（2011）『保育相談支援』建帛社.
民秋言・柘尾勲・無藤隆編，福丸由佳・安藤智子・無藤隆編著（2011）『保育相談支援』北大路書房.
京極真（2012）『チーム医療 多職種連携の可能性をひらく〈信念対立解明アプローチ入門〉』中央法規.

第**5**章　個別援助技術（ケースワーク）

1　個別援助技術の意義と機能

（1）個別援助技術（ケースワーク）の意義

　ケースワークとは、個人や家族が生活上の問題を抱え、自力ではそれに十分に対応できない場合に問題解決や軽減、また、よりよい暮しの実現を目指して社会福祉専門職であるケースワーカーが援助・支援していくときに用いる援助方法である。児童虐待や育児不安、ドメスティックバイオレンスなどの諸問題を抱える子育て中の親の孤独感や不安感も、ケースワークの技術を使うことにより緩和されることも多い。個人や家族への援助は、かつては貧しい人や障がい児・者、親のいない子どもへの支援が主であったが、現在はすべての個人や家族が幸せに暮らすための取り組みとして幅広く行われている。

　幼稚園、保育所の業務に、地域の未就園児とその保護者の支援が具体的に求められるようになってきたのは、2008（平成20）年の「保育所保育指針」の改訂以後である。専門職は、利用者を中心とする利用者の自由な選択ができるような多様な社会資源の構築とその適切な対応を求められるが、それと同時に自身の資質や柔軟性、専門職としての権限や責任についても理解しておく必要がある。近年、社会構造の変化に伴って多様化・複雑化する諸問題は、生命の危機や家族崩壊を招く危険性があることが指摘されている。そのため、これまでのように各機関が単一的な展開をするのではなく、相互支援体制のなかでネットワークを築き、相乗的な効果が発揮できるシステムを重視し、緊急時における対応にも備えることが必要となる。このことから、保育者がケースワークについて理解することの重要性や、どのようにそれを業務の上で生かすことができるのかを考えてほしい。

（2）個別援助技術の機能

　ケースワークには、人と環境とを調整する機能、人の対処能力を強化する機能、環境を修正・開発する機能がある。

43

例えば保育者は、悩んでいる子ども・保護者（利用者）を主体とし、解決に向けてともに取り組んでいく必要がある。保護者がもつ悩みは、子どもの成長や育て方、障害の心配、家族関係や近隣関係、生活困難など幅広い。保育者は、ケースワーカーとして子どもの最善の利益という視点からあらゆる媒体手段を効果的に使用し、勘や経験だけに頼るのではなく、科学的・専門的な知識や技術に基づいて個別的かつ意識的に働きかけていく必要があり、利用者に合わせた社会資源を有効的に活用していくことが求められる。

ピンカスとミナハンは、ソーシャルワークの機能として、人々が問題解決能力や対処能力を高め、より効果的に資源を活用できるよう援助することや、資源の存在や利用方法を知らない人々と利用したがらない人々を資源に結び付けること、または資源の活用が妨げられている場合に、人々と資源との相互作用を容易にしたり、修正したり、新たに作り出すことをあげている。さらに、法規範からの逸脱行為をしている人々に対して、また他者からの被害を受けている人々を保護するため、社会的統制機関として機能することについても示している。

2　個別援助技術の構成要素

（1）個別援助技術の構成要素

アメリカのケースワーカーであるパールマンは、基本的には心理社会アプローチの考え方をとりながら、機能的アプローチの考え方も取り入れ、人の生活は問題解決の過程であり困難は病理ではないという視点に立ち、"問題解決の主体は利用者である"とした。また、その過程を「開始期→診断→問題解決」とし、社会的役割葛藤の問題を重視した。パールマンは、『ソーシャルケースワーク：問題解決の過程』（1957年）のなかで、ケースワークの構成要素である「4つのP（援助を求めてくる人Person・発生している問題Problem・具体的援助が展開される場所Place・援助過程Process）」をあげた。その後、「2つのP」（専門家Profession・制度政策や供給される資源Provision）を追加した。

（2）パールマンの４つのＰと６つのＰ

1）Person（援助を求めてくる人）　援助を必要とする問題を抱え、施設・機関に解決の援助を必要としている利用者（クライエント）　例：子育てのことで悩む母親、障がいがあり特別な援助を必要とする子ども

2）Problem（発生している問題）　クライエントと環境との間に調整を必要とする問題　例：母親が子どもをかわいいと思えない、子どもが母親から受けた虐待のため心身共に傷ついている

3）Place（具体的援助が展開される場所）　援助者（ワーカー）とクライエントが問題解決を展開する場所。通常は、ワーカーが所属する福祉援助機関や施設を指す。例：相談機関（福祉事務所、児童相談所、保健所など）、社会福祉施設（保育所、児童養護施設、児童館など）、その他（病院、学校、幼稚園、クライエントの自宅、子育てサロンなど）

4）Process（援助過程）　ワーカーとクライエントが信頼関係を築きながら、援助を進めていく過程　例：子どもの障がいに関して不安を抱いている父母に対し、定期的な面談を通して障害を受容できるように促す関わりの経過

5）Profession（専門家）　援助を行うための専門的知識・技術・価値観を身につけている人　例：児童相談所の児童福祉司、保育所の保育士など

6）Provision（制度・政策や供給される資源）　援助を行うための制度・政策。援助を阻害する制度政策を改正させる行動　例：2016年5月児童福祉法改正案が可決・成立し、「社会的養護」下にある子どもたちを施設（児童養護施設や乳児院など）から家庭（里親、養子縁組など）で育てる「家庭養護原則」への転換が打ち出された。

　パールマンは、利用者自らが支援を自分にとって有効なものするかどうかに係る応答能力・支援活用能力を“ワーカビリティ”とよび、その要素となるものを「動機づけ（Motivation）」「能力（Capacity）」「機会（Opportunity）」とし、その頭文字を取って「MCOモデル」というアプローチを生み出した。これが問題解決アプローチの中心要素といえる。

　ワーカーは、可能な限り利用者自身の力による問題解決を重視し、援助者と利用者の双方によるさまざまな試行錯誤の過程の中で援助を進めていく必要がある。そして、援助の効果に対する評価と、問題の再分析とが繰り返されることによって、

利用者の抱える問題の本質をよりよく把握し、より効果が上がる援助が行われるようになるのである。

3　個別援助技術の原則

（1）信頼関係を築くための技術

　援助者は、面接を通して利用者の主訴やニーズなどを把握していく。具体的な援助を行うにあたっては、利用者との適切な援助関係を形成する必要がある。相談援助における面接の基本姿勢は、後述する「バイスティックの7原則」を基本とし、「傾聴」「共感」「支持」が重要となる。

　援助者は、利用者やその家族に支持的態度を示しながらラポールを形成していくことになる。利用者の自己決定を尊重し、利用者が言語化しにくい状況下では表情や身ぶり、視線などにも注意を払う必要がある。さらに、利用者が援助を求めながらも沈黙したり、ごまかしたりしたり、表面的な話だったりすることもあるので、それを見極めることも重要である。

（2）バイスティックの7原則

1）　個別化の原則（利用者を個人として捉える）

　援助者は、利用者を個別性や独自性をもった特定の個人としてとらえ、個人の状況やその立場を十分に尊重しながら対応する必要がある。

2）　意図的な感情表出の原則（利用者の感情表現を大切にする）

　援助者は、利用者が自由に感情を表現できるよう配慮するとともに、それをしっかりと受け止める必要がある。援助者の意図的な働きかけによって利用者の感情を導き出し、共感的理解を通じて利用者自身の機能を高めることが大切である。

3）　統制された情緒的関与の原則（援助者は自分の感情を自覚して吟味する）

　援助者には、利用者の抱える問題や感情を受け止め、利用者の状況を十分に理解し対応することが求められる。援助者は、個人的な感情を援助のなかに持ち込まず、

自らの感情を統制することが大切である。

4) 受容の原則（受け止める）

　利用者は援助者に自分の態度、行動、価値観などをありのまま受容されることにより、安心感や信頼感をもって自らの思いを表現し、問題を積極的に解決しようという意欲がもてるようになってくる。しかし、利用者に反社会的な言動や逸脱した考え方があった場合には、利用者が表出するに至った感情や行動の軌跡を積極的に受け入れる必要はあるものの、それらの言動や考え方を認めることはしないことも重要である。

5) 非審判的態度の原則（利用者を一方的に非難しない）

　援助者には、利用者の過ちや失敗を適切に理解することが求められる。援助者の役割は、自らの価値観や倫理観で批判したり、裁いたりすることではない。利用者が社会の中で適応していけるように、対等な立場の人間として、利用者を尊重したかかわりの中で適切な援助を行うことが必要である。

6) 自己決定の原則（利用者の自己決定を尊重し促す）

　利用者には、自分のことは自分で選択し決定する権利がある。援助者は、利用者の意思を尊重し、利用者が自ら選択・決定できるよう支援する必要がある。しかし、知的障がい児・者や認知症高齢者など、問題解決能力や意思決定能力が十分でない場合には、援助を通して利用者のニーズを明確にすることに努めたうえでアドボカシー（選択・決定の代弁）を行い、利用者の権利擁護に努めることが重要である。

7) 秘密保持の原則（業務上知り得た利用者の情報を保護し、信頼を醸成する）

　「保育士は、正当な理由がなく、その業務に関して知り得た人の秘密を漏らしてはならない。保育士でなくなった後においても、同様とする。」（児童福祉法第18条の22）とあるように、援助者は、援助する中で利用者について知り得た情報を公にしてはいけない。しかし、他職種・他機関との情報の共有が必要な場合には、利用者の利益を優先的に考え、利用者の承認を得たうえで、利用者の気持ちにも配慮しながら必要な範囲で情報を共有し、援助を展開していく。

4 面接・記録・評価

(1) 面接

1) 面接の目的

　ソーシャルワークの面接は、「その参加者がともに合意している意図的な目的」をもつ。

　① 何らかの課題や機能の達成のために必要な情報を得ること

　② 利用者のニーズの充足や問題解決に向けての協同作業を行うこと

　ワーカーは、利用者から得た客観的な事実に関する情報と主観的な意見や感情による情報を分別し、援助に役立てることが大切である。また、面接は、利用者が自身の状況を理解したり、洞察を深めたりすることや、ワーカーが利用者の自己決定を促したり必要なサービスに繋げるといった目的もある。

2) 面接の構造

　① 構造化面接…援助の効果をねらって目的を明確化し、何らかの筋道に沿って面接手順等をある程度設定して行う面接のこと

　② 非構造化面接…面接の枠はある程度ありながら、その時々の課題に対処するような形で行われる面接のこと

　実践では、構造化面接と非構造化面接を適切に組み合わせて援助することが望ましい。

3) 主な面接の形態

　① 個別面接…利用者とワーカーが1対1で面接をする。例：子どもと児童指導員の面接

　② 合同面接…利用者を含む複数の人と1人のワーカーが面接をする。例：保育士と子ども・両親の3人が一緒に面接をする（家族合同面接）

　③ 並行面接…ある利用者の援助をめぐって2つ以上の面接を同時並行的に進める。例：母親とワーカーの面接をしている際に、別の部屋で子どもと心理士がプレイセラピーをする（親子並行面接）

④ 協同面接：一つの面接に複数のワーカーが参加する。

4) 主な面接の種類

① 面接室での面接…ワーカーの所属する機関や施設の面接室で行う面接。

② 生活場面面接…利用者が過ごしているその場所や、ワーカーとの接触場面での面接。居宅訪問面接、保育所送迎時、施設の居室など。

③ 電話面接（電話相談）…手軽さや気軽さ、危機状態にある、まさにその瞬間に話ができる。電話相談は、その後対面して行う面接への入り口になることもある。しかし、いつでも電話を切ることができること、表情や動作、身なりが見えないため情報が限られてしまう。

5) 面接の時間的条件

面接時間については、面接の内容や利用者の状況に左右されるが、一定の面接の目的や集中力を考慮すると、30分から1時間以内に終了することが妥当であるとされている。あらかじめ、面接の日時（開始から終了までの時間）、場所を約束し、話し合う内容についても確認をしておく。そうすることにより、利用者の面接に対する動機づけが強化され、主体性が助長され、ワーカーも必要な準備ができる。

ただし、初回面接や緊急に対応しなければならない状況にある場合などは、より長い時間を必要とすることもある。また、制度説明だけで終わる面接等は、短い時間で終わることもある。ワーカーは、利用者を観察し、臨機応変に対応することが求められる。

6) 空間的条件

面接の行われる場所に関しては、精神的に安定する場所であり、秘密が守られる確信が得られることが大切である。また、雑音がなく、広さや明るさ、温度などに配慮した落ち着きのある雰囲気で、面接に集中しやすいことや、人の出入りや電話がかかってくるなどがなく、面接が中断されないことが条件となる。

7) 面接におけるコミュニケーション

面接におけるコミュニケーションの基本形は、「待つ」→「聴く」→「理解する」

→「反射する」である。そして、再度「待つ」に戻り、このサイクルを繰り返す。この対応を基本として、面接における有効なコミュニケーションは成立する。

ワーカーは、利用者を凝視するのではなく自然で温かい視線でいることが大切である。座る位置も真正面より少し斜め横に位置する方が落ち着くことが多い。また初回面接時は、利用者の目のやり場に配慮して施設のパンフレット等があるとよい。ワーカーは、足や腕を組む、椅子の背にもたれる等はせず、利用者が安心して話ができるように適度にリラックスし、少し身を乗り出すようにして関心を向けていることを伝えることが大切である。

利用者の聴力については確認を要する。障害がある場合は、確認しつつ、分かり易く、ゆっくりと話し、必要に応じて筆談等の手段も用いる。利用者を中心に話を進め、語りへの肯定的な応答を心掛け、不用意にさえぎらず傾聴する。

面接の開始時は、利用者を気遣った挨拶、体調への配意、利用者が子ども連れならば、子どもへの配慮等も必要である。これらは、個々の利用者の置かれている状況を観察し、適した方法で伝えることが大切である。

① 観察

面接において観察すべきことは、利用者が行動や表情などの非言語的に表すメッセージや、発言のなかで無意識に示していること、ストレスや葛藤を感じるポイントなどである。ワーカーは、自身の解釈の仕方や価値観を常に覚知し、できる限り客観的に利用者やその環境を観察できるよう努め、一方的に決めつけることのないよう留意する必要がある。

② 傾聴

利用者の最大の関心事に焦点を当て、その言語的・非言語的メッセージを理解する。ワーカーは、積極的関心を示す態度や表情を示し、適切な相槌や質問を用いて、利用者が考えや感情を十分に表現できるように促す。特に、利用者とワーカーの関係が確立されていない援助の初期段階では、ワーカーの聴く姿勢が利用者との良好な関係の基礎となる。

③ 共感（共感的理解）

共感とは、利用者の感情をワーカーが自身の感情において理解すること、また理解しようと努力することである。ワーカーは、面接において利用者の葛藤や混乱、悲しみ、苦しさ、怒りなどの感情や、その感情をもつに至った背景への理解を深め

る必要があり、利用者の感情を丁寧に受容することが大切である。利用者は、ワーカーの共感を実感することにより情緒的混乱から抜け出し、その後の援助の動機づけを強化することができる。

④　支持

支持とは、援助場面で利用者を精神的に支えることであり、自己決定や自己理解を促すことでもある。利用者の強さ（ストレングス）や肯定的側面に焦点を当て、良好に機能している思考様式や行動様式の維持・継続を支援する。

⑤　質問

援助者からの質問が多くなりすぎることは避ける。閉ざされた質問（後述b）は、一方的な情報の「聞き取り」に陥りやすく、クライエントが自分で考えたり探索したりする機会を奪ってしまうので、多用しないことが大切である。また、「なぜ」「どうして」という質問は、非難されているような印象を与え、防衛的にさせてしまう危険があることから聴く際には注意を要する。「なぜ、そのとき相談されなかったのですか」ではなく、「相談するということについてそのときどんなふうに思っておられたのですか」と質問するほうが柔らかい印象となる。

a　開かれた質問（オープン・クエスチョン）：質問に答えることで、関連した感情や考えを多く表現することが可能であり、利用者自身が自分の言葉で表現することで、問題や課題を探究して内容を明確化していくことができる。「なに」「どんな」「どのように」などを使って「……についてはいかがですか」「具体的にはどのようなことですか」「もう少しそのことについて話していただけますか」「どんなふうにお感じですか」のように問う方法である。

b　閉ざされた質問（クローズド・クエスチョン）：「はい」「いいえ」等の一言で答える質問であり、事実の確認や状況に応じて用いる。「お住まいはどちらですか」「申請書は提出されましたか」などで、面接を進めるのに必要な重要な情報を得るときに用いる。

面接は、クライエントが話しやすいように、開かれた質問と閉ざされた質問を適切に組み合わせて用いるが、コミュニケーションに何らかの障害をもつ人は開かれた質問に応答できない可能性もあり、その場合は、閉ざされた質問を適宜使用する必要がある。

⑥ 内容の反射

　利用者の言葉をそのまま反射する「単純な反射」、利用者の言葉をワーカーの言葉で反射する「言い換え」、要約して反射する「要約」、利用者の語りを明確にして示す「明確化」がある。利用者の感情をそのまま反射する「感情の反射」、利用者の感情を明確にして示す「感情の明確化」、利用者の感情を受け容れて反射する「感情の受容」などがある。

⑦ 沈黙

　沈黙は、援助への抵抗、ワーカーへの依存や安心感、否定的感情などにより現れる。何を話すか、話さないかの迷いや、どのように話すのかなどといった時にも現れる。迷いによる沈黙は、話したいこと等を考えつくまで待つ必要があるが、抵抗や否定的感情、依存などに対しては、共感的な語りかけが有効である。安心感によるものは、沈黙を尊重しつつ、次の話題に移るなどの配慮が必要である。

　また、質問の意味がわからない場合の沈黙もある。その際は、もう少し具体的な問いかけにしてみることや質問の仕方を変える等、ワーカーの対応の不適切さを修正する必要がある。

(2) 記録

1）記録の目的

　福祉の現場では多種多様の記録業務があり、その時間と労力は膨大なものであるが、記録作成から内容の精査、評価までの一連の流れは重要である。

　まず、面接を通して知り得た情報を記録することにより、利用者の状況の把握、問題の明確化、援助目標の設定、援助計画の策定などの各過程において援助を振り返り、客観的に自らの援助を捉え直すことができる。そして、関係機関や施設の社会的責任を遂行する証拠となり、職場内のチームケアや他職種・他機関との連携に役立ち、一貫性や継続性のある援助を提供することができる。さらに、学生の実習指導や教育、訓練などに活用することや調査研究に役立てることもできる。

2）記録の形式

① 記録の構成要素

　a　記録の公表の有無…公式・非公式の記録がある。通常は、公式のものが多い。

公式記録には、援助記録、運営管理記録、ケース・事例記録（広義と狭義のもの）、その他が含まれる。非公式記録には、専門職各自の実践記録や当事者記録などが含まれる。

b 記録データの性質…質的な記録と統計的な記録の区別がある。

c 記録の手段…機器によるものと手書きによるものがある。

d 記録作成者…単数の場合と複数の場合がある。複数とは、チーム体制をとる場合で、複数の専門職が協働で作成する。

② 記録の様式と文体

a 記録の目標…個別化した記録、標準化した記録を目指すのか。

b 記録の様式…項目記録、過程記録、要約記録など。

c 記録の文体…叙述体と逐語体がある。

d 記録文の種類…要約体と説明体がある。

③ 記録の文構造と種類

a 文章の時制：現在形、過去形

b 書き手の人称：一人称単数・複数、三人称

c 専門用語：専門用語の使用の抑制

d 俗語、方言、機関・個人への非難：書かないことにする、もしくは事実をありのまま書く

e 図表の使用：ジェノグラム、家族図、エコマップなど

f 項目を用いた記録：問題解決志向型、課題達成志向型など

3) 記録の種類

① 援助実践の自己内省のための記録

ケース記録（経過記録）、フェイスシート、ケアプラン作成書、アセスメント記録書、モニタリング記録書、情報開示のための資料など

② 業務・援助の情報を管理・確認するための記録

ケース記録（経過記録）、フェイスシート、ケアプラン作成書、アセスメント記録書、モニタリング記録書、業務評価報告書、業務日誌（日報、月報）、ケースカンファレンス資料、議事録、スーパービジョン・コンサルテーション資料、内部監査資

料、外部監査報告書、第三者評価報告書など

③ 調査・研究のために用いる記録

聞き取り調査資料、調査研究のための資料、調査同意書、アンケート調査報告書など

④ 教育・訓練のために用いる記録

要約記録、面接逐語・過程記録、エコマップ、実習報告書、施設内研修報告書、プログラム実施業績、広報誌など

4) 記録における倫理と留意点

近年、組織内の情報共有の必要性は増し、利用者に情報を開示する機会も増えている。専門職の協働と利用者とのパートナーシップの側面から、専門職の責任において、情報の共有化が求められているといえる。記録は、専門職の役割、責任、専門性により、援助目標と援助計画等を明確化して記録をとることが倫理的かつ実践的であり、説明責任の遂行にも繋がる。

例えば、ワーカーは「母親が悲しそうにうつむいた」と記録していたが、実は“ワーカーの発した言葉に不満がありうつむいた”ということもある。ワーカーが客観的事実に基づいて記述しているつもりでも、記録者の主観が入ることを念頭におく必要がある。

(3) 評価

1) 効果測定と評価の目的

さまざまなニーズや問題を抱える人たちに効果的なサービス、援助、政策を提供することは、社会福祉の専門職としての責任である。効果測定は、「事例やデータを集積し、支援の効果を測ること」であり、社会福祉専門職による援助・サービスの質の向上や利用者支援体制の向上のために必要なものである。ワーカーは社会福祉の専門職としていかなる効果を期待して支援しているのかという説明責任（アカウンタビリティー）を果たさなければならない。利用者の変容の把握、援助法の妥当性や効果性の確認、専門性と科学性を立証し、援助・サービスの効果測定の結果や評価を根拠として、効果的な援助の内容・方法等を導き出す必要がある。効果測定の結果を根拠として次の実践を最善の援助や政策にしていくことが、「エビデンス・

ベースド・プラクティス」という考え方である。

　また、支援の終結段階では、利用者とワーカーが支援過程を振り返り、支援計画が十分実施されたか、不都合な点は修正されたかなど、サービスの効果測定を援助者側の視点で行うだけではなく、利用者がサービス供給内容や仕方について評価をする。測定結果と評価に関しては、スーパービジョンを受けることによって自身のスキルアップにつながり、業務遂行の確認になる。

2) プロセス評価とアウトカム評価

　相談援助の評価には、相談援助のプロセスについての評価（プロセス評価）と最終的な成果についての評価（アウトカム評価）がある。

　① プロセス評価

　プロセス評価とは、援助の過程で作成されるプログラム計画や援助計画の目標を達成できているかどうかを確認するために行う評価方法である。例えば、モニタリングは、主に短期目標に対応する援助プランに沿ったサービス資源に関するモニター情報の分析に基づき実施するプロセス評価である。

　援助の全プロセスを評価する場合は、アセスメントやプランニング、介入全般とクライエント等との関わり、フォローアップをも含むプロセスの総合的な評価であるべきとされる。モニタリングの情報に加え、ケース記録を活用し、援助の過程と援助の終結においてプロセス全体を見直し、評価することが重要である。

　しかし、総合的なプロセス評価のモデルとしては、まだ明確なものがないのが現状である。

　② アウトカム評価

　アウトカム評価とは、アセスメントの結果に基づき設定した援助目標、とりわけ長期目標が達成できたかどうかを判断することである。援助終結後に利用者のニーズが満たされているか、あるいは特定のニーズや問題に対して特定の援助方法やプログラムが効果的かを判断するといったように、援助方法の効果をその結果によって判断することをいう。

5 保育現場と個別援助技術の実際

　2009（平成21）年4月に「保育所保育指針」が施行され、「保育士の専門性を生かした保護者支援」の必要性が打ち出された。近年、子どもや家庭を取り巻く環境の変化、児童・家庭問題の複雑化や多様化により、保育士の専門性の向上や施設の組織的対応、地域の関係機関との連携が必要となってきている。

　保育士は、保護者の相談に応ずるとともに、一人ひとりの子どもの健やかな育ちを等しく保障することを目指す必要がある。また、保護者と保育士が子育ての喜びと課題を共有することや、保護者が公共施設における集団保育を理解できるように支援していく必要がある。

事例1

　降園時、本児（4歳）の担当保育士は、本児の母親が元気のない様子であるのを見て、少し話をしようと声をかけた。母親は、言いにくそうに本児の園生活について気になることがあると担当保育士に打ち明けた。詳しく話したいとのことなので緊急性を母親に確認し、母親と担当保育士のスケジュールをすり合わせた。

　担当保育士は、主任に面接を行う予定であることを報告し、面接室の予約をしておいた。また、本児の今までの記録を確認した。

　夕方の降園時間は人の出入りも激しく、保護者も時間に迫られており、ゆっくり話をしにくい状況であることが多い。この事例では、母親がこの場では話しにくいがもっと保育士と話したいと意思表示していることから、別の日に面接する機会を設けた。そして、インテークまでに本児や保護者に関する情報を収集した。園生活のどのようなことを気にしているのかがわからないため、わかる範囲で様々な情報を集めておく必要がある。

第5章　個別援助技術（ケースワーク）

事例2　インテーク（受理面接）●年11月□日　13時から14時　場所：本園の面接室

　面接の当日、本児の母親は「仕事がなかなか抜けられなくて…すみません」と謝りながら少し遅れて入室した。担当保育士は、仕事の大変さを労い、遅れての入室に関してなにも問題のないことを伝え、母親に保育士の守秘義務について説明した。母親は、安心した様子でこれまで本児の成長について悩んでいることや現在困っていること、本児がほかの子どもたちと違う気がするといった内容を話した。面接を通し、母親が本児の子育てがうまくいかないことに対して自分自身を責めている気持ちが伝わってきた。担当保育士は、子育てがうまくいっていないことに対する母親の気持ちに共感しつつ、母親が今まで頑張ってきたことを評価した。さらに母親の話を傾聴するため、母親に子育て環境のことや困っていることを具体的に質問した。面接では、両親が遠方に住んでいるため助けてもらえないこと、本児の父親との関係も良好とはいいがたいこと、近隣にも頼れる人がおらず、孤立していることなど、子育ての環境についても確認することができた。

　また母親は、家庭での本児に関して父親や母親の言うことを素直に聞き、すぐに行動をしてくれるがすぐにやめてしまうことが多いこと、保育園であった出来事を家で沢山話してくれること、親が注意をすると怒りだし部屋から飛び出してしまうこと、自分のやりたいことにはすぐに取り組むが興味のないことは全くやろうとしないことをあげた。本児がこのまま問題行動を継続させれば小学校での通常学級で学ぶことが難しいのではないかという不安があり、改善したいと話している。

主な内容　：保育所における本児の行動と家庭での様子の確認

　　　　　　保護者の主訴の確認→小学校就学に向け本児の問題行動を改善していきたい

　保育士は、インテークにおいて利用者に寄り添い、傾聴や共感、支持などの技術を使い、利用者が安心して話すことができる環境を作ることが大切である（p.50、51参照）。

　ワーカーは、利用者が何に対して悩みや不安を抱いているかを把握・理解し、どうしたいのかを聞き出すとともに、利用者の問題が関係機関の目的・機能に適するかを判断する必要がある。そして、どの機関で、どのような援助が展開されるべきか、利用者が選択・自己決定できるよう促していく必要がある。求めているサービ

スが当該機関に合わないと判断される場合は、合致する機関を紹介し、その説明を
丁寧に行うことが必要となる。

アセスメント（事前評価）

　本児の母親への面接を通したアセスメントが担当保育士によって行われた。

　母親は、保育園以外の社会資源を特に活用していないようである。また本児
へのかかわりについては、乳児のころから戸惑うことが多く育てにくさを感じ
ているようであり、「子どもがかわいいと思えない。イライラして子どもにあ
たってしまうこともあります。私は、母親としてダメなのでしょうか。」と目
に涙を浮かべて語ることもあった。母親のつらい気持ちに対しては、「辛かっ
たですね。一緒にこれからのことを考えていきましょう」と担当保育士は母親
に優しく語りかけ、共感的な対応に努めた。

　面接を進めていくなかで、子どもの就学への不安、今後の本児へのかかわり
方について母親が葛藤していることが明らかになった。また、「○○小学校に
入学できるのか」「学校では通常学級に通うことができるのか」との発言がイン
テーク時から何度も出てくることから、本児に障がいがあるのではと不安に思
っていることが伺えた。この段階では、母親の発言を具体化するように努め、
母親自身が問題としていることを浮き彫りにするように努めた。また、インテ
ーク時に語られていた育児環境について質問をし、父親の協力が得づらいこと、
育児に相談や協力をしてくれそうな人がいないことを再確認した。また、保育
士より保育園での説明がなされ、「友達とうまくかかわれないことがあること」、
「イライラしやすく、衝動的な行動をとることがあること」を伝えた。

　面接が終わり、日時の調整をするときに、「お父さんにも来ていただくこと
は可能でしょうか。もし来ていただけるのなら、お二人の都合のいい時間帯に
次回の面接を設定したいのですが」と切り出した。母親は最初渋っていたが、
最終的には「聞いてみます」と返答をした。保育士は「それでは、また明日に
お電話させていただきますので、そのときに日程を調整しましょう」と話をし、
面接は終了した。保育士が翌日電話をしたところ、父親が来てくれることと、
そのため金曜日の19時に面接を行うことを約束した。

　アセスメントでは、利用者の問題解決に最適な方法を見つけ出すために、利用者
と問題を取り巻く状況を多面的・統合的に評価することが大切になる。アセスメン
トを行うことで、利用者にとって解決すべき課題（ニーズ）を明らかにするのである。
その際、利用者が困っていることや、それを解決するための方法を利用者や家族と

一緒に考えていくという意識をもつことが必要である。ワーカーがそうした意識をもってかかわることで、利用者や家族のエンパワメントを高めることにも繋がる。アセスメントでは、利用者の生活状況をできるだけ具体的に把握すること、自分の思い込みによる推測は厳に慎み、理由を確かめながら客観的な情報を収集することが重要である。ジェノグラムやエコマップのようなマッピング技法（図5-1参照）を用い、情報を整理することも有効である。

　また、1回の面接でアセスメントを終わらせようとするのではなく、相手のペースに合わせながら段階的にアセスメントを進めていくことも有効である。そのためには、面接の最後に次回面接の約束を取り付けておき、継続的に面接ができる状況をつくっておく。

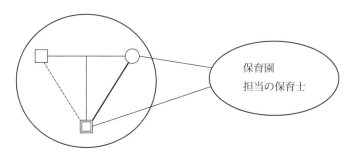

図5-1　ジェノグラムとエコマップ　　　　　　　　　　　　　　　　　　　　　（筆者作成）

> **プランニング**
> 　父親を交えた面接では、父親も育児に協力したいが方法がわからないこと、本児に障がいがあるのではと疑問に思っていること、育児にイライラしている母親に対して、父親も同じようにイライラしてしまうこと、が明らかになった。母親も父親の考えや思いを初めて知ることになり、お互いに協力して本児とのかかわりや就学について考えていくことが確認された。また、父親にも保育園での様子を伝えた。そのうえで、母親、父親の両方に「今後どのようにしていきたいか」と質問し、両親の希望をもとに支援方針と長期目標を定め、当面1年を実施期間にすることを確認し合った。また、当面の目標としての短期目標を定め、2週間に1回は面接を行い、状況を確認することが決定した。

　プランニングでは、目標を定めるとともに、その計画を確認するモニタリング面接も組み入れておく必要がある。目標達成にはまた、支援者が一方的にプランニングをするのではなく、利用者本人（子どもの場合は保護者等）も交えて作成すること

が大切である。なお、利用者やその取り巻く環境は常に変化することを念頭に置き、合意のもと目標設定や方針等を柔軟に変更していく。このケースのプランニングとしては、以下のような計画が考えられる（表5-1参照）。

表5-1　プランニング例

利用者名（児童名）	△△　×太	利用者同意署名欄	△△　□夫　（父）
機関名	○○　保育園	計画作成者	◆◆　●●
計画作成日	平成　年　月　日	モニタリング期間 （支援開始年月）	2週間ごと （　　年　　月）
利用者及び家族の意向	子どもにあった育児方法を知りたい（父母） 子育ての不安を解消し、楽しい家庭生活を送れるようになりたい（母） ○○小学校に通ってほしい（父母） 継続的に育児などの相談にのってほしい（父）		
総合的な支援方針	両親の相談に継続的に対応できるようにする 保育園でかかわり方を両親に伝え、本児にあった支援を保育園と両親双方で検討、実践する		
長期目標	子どもにあった支援を受けることにより、楽しい家庭生活、保育園生活を送れるようにする（1年間） 両親が育児等の相談ができる環境を作る（1年間）		
短期目標	2週間に1度のペースで面接をもうけ、子育て不安の解消を図る。（1年間） 本児の発達特性にあった支援を実践する（3か月）		

解決すべき課題	支援目標	本人の役割	達成時期
友達とうまく遊べるようになる	友達とのかかわり方を教える	保育士の真似をして友達とかかわる（本児）	年　　月
子育ての不安を解消したい（父母）	子育ての不安を相談できるようにする	定期的に担当保育士に相談する（父母）	年　　月
小学校入学に向けて準備をする（父母）	学校や社会資源に関する情報を知る	どのような情報が必要かメモをしておく	年　　月

（筆者作成）

カンファレンス

　担当保育士は、職員会議の際に本児の母親から相談を受けたことを説明し、職員会議終了後に本児についてカンファレンスを行いたいことを伝えた。このカンファレンスには、園長、主任、看護師、フリーの保育士（クラスを担当していない保育士）、担当保育士の5名が参加した。この5名にプランニングの内

容が伝えられた。参加者からは、本児や両親の様子、に関する質問が出され、担当保育士が丁寧に説明をした。看護師からは「健康上、発達上の問題は特にありません」との情報提供があった。援助の役割分担としては、保護者の相談には担当保育士が対応し、対応が難しい場合は主任が、健康上の相談には看護師が対応することが確認された。本児への対応は担当保育士とフリーの保育士としたが、園長より「もう少し対応できる保育士を増やしてはどうか」との提案が出され、あと2名補助的に対応できる保育士を選び出すことが決まった。また、学校や社会資源については、園長が次のカンファレンスまでに調べておくこととなり、具体的なインターベンションが始まることとなった。次のカンファレンスは、モニタリングの実施後に行うことが決まった。

　カンファレンスはプランニングの内容を関係者に伝え、共通認識をつくり、インターベンションの実施につなげていく段階である。そのため、「誰が、何を、いつまでに、どのようにするのか」を決めておく必要がある。また、カンファレンスで新しい情報や提案が出されることもあり、検討し、柔軟に取り入れていくことが必要である。この事例では園長からの提案を受け入れ、新たに保育士2名を選び出すこととした。

インターベンション

　担当保育士は、他の保育士と協力のうえ本児を観察し、イライラするときの様子や友達とうまくかかわれないときの様子を把握した。そのうえで、本児に友達へのかかわり方を伝え、実際にやってみせたり、やらせたりした。またイライラしたときにどのように対処するかも同じように伝え、実際にやってみせたり、やらせたりした。うまくいったときは積極的にほめ、うまくいかなかったときは根気強く伝えることで、本児もうまく友達と関係をつくれるようになってきた。保育士は送迎時に母親に保育園での様子を簡単に伝え、家庭での様子も聞くようにした。担当の保育士が対応できない際も、他の保育士の協力のもと、少しでも母親に声をかけることができるよう調整を図った。2週間に1回の頻度で、1時間程度の面談を行い、不安に思っていることを話してもらい、保育園で行っているかかわりの方法を伝え、家庭でも実践してみるように促した。また、日頃不安に思うことや気になることをメモすることをアドバイスした。父親には子育てだけではなく、家庭内でできることを考えてもらい、少しずつ取り組んでもらうようにした。父親は一人暮らしの経験があったため、家事等は一通り行うことができ、その分、母親の負担は徐々に軽減されていった。

インターベンションは計画に基づいて実践していくことになる。本児や両親に直接かかわっていく一方で、保育園内でも本児への支援に協力をしてもらうなど、間接的な働きかけも重要である。インターベンションのときに新しい情報がはいってくることがあり、それに応じてインターベンションの方法も柔軟に変更していく必要がある。

モニタリング

　降園時、本児（4歳）の担当保育士は、本児の母親が元気のない様子であるのを見て、少し話をしようと声をかけた。母親は、言いにくそうに本児の園生活について気になることがあると担当保育士に打ち明けた。詳しく話したいとのことなので緊急性を母親に確認し、母親と担当保育士のスケジュールをすり合わせた。

　担当保育士は、主任に面接を行う予定であることを報告し、面接室の予約をしておいた。また、本児の今までの記録を確認した。

モニタリングでは支援の経過確認を行う。そのとき、支援者と利用者双方で行うことが基本となる。目標や、目標に向けての具体的な支援、実践の確認と、その成果をもとにモニタリングした後、どのようにインターベンションを行っていくかを確認し、合意を得る必要がある。モニタリング時に新たな情報が追加されたり、環境が変化した場合は、そのことを共有し、必要に応じてプランニング内容に変更を加えることもある。この場合も、支援者と利用者双方の合意が大前提である。

エバリュエーション・終結

　インターベンションとモニタリングを数回繰り返していくうちに、少しずつ本児、家庭とそれぞれに変化がみられるようになった。そのため、当初の予定通り、1年経過した段階で終結に向けての面接（エバリュエーション）を行うことになった。まず保育士より支援期間であった1年が経過したことを伝え、保育園における本児の状況の説明を行った。友達とのやりとりではトラブルになることはあるものの、その頻度は減少していること、友達や保育士に言葉で要求や気持ちを伝えることができるようになってきたことの説明があった。母親からは父親の子育てや家事へのかかわりが増えたため、余裕ができてきたこと、そのことで子どもともじっくりと向き合うことができるようになり、子どもの

衝動的な行動にも落ち着いて対処できるようになったとの報告があった。また保育園での実践を家庭でも取り入れるようになり、少しずつではあるが、子どもと意思の疎通が図れるようになってきたとの話もあった。父親からは少ない時間であっても、子どもや家庭に対してできることがあることがわかったとの話があり、母親と父親で子どものことで話をする時間が増えたとの報告があった。また、具体的な行動には移していないものの、市の保健福祉センター内で子育て相談が行われていることも確認できているとの報告があった。

　保育士からは、本児があと1年間保育園を通うこと、保育園では継続的に本児に合わせた支援を行うこと、母親とは送迎時に話をする機会があること、母親と父親で本児のことで話し合うことができていること、父親が新たな社会資源を求めて行動を移せていることを評価し、母親も父親もそのことには納得しているようであった。そして、保育士は定期的なモニタリングや支援計画に基づく支援を終了し、必要に応じて相談に応じることを提案した。父親は賛成であったが、母親は不安な様子であった。しかしながら、保育士より支援をしなくなるわけではないこと、相談にはいつでも応じることができることの説明が再度あり、母親も納得のうえ、終了することとなった。

　エバリュエーションは、支援終了時に行う評価のことであり、支援継続中のモニタリングとは区別される。エバリュエーションでは支援の経過を振り返りつつ、支援目標の達成度合いなどを利用者とともに評価する。そのうえで、支援を終了するのか継続するのか、他の支援に変えるのかを判断することになる。なお、目標の達成が支援の終了を意味するわけではなく、新しい課題があれば新しい目標を設定し、支援が継続される場合もある。反対に、目標が達成できなくとも、支援の力をあまり借りずに目標達成できそうであれば、終結を迎える場合もある。

　終結は支援の終了を意味するものではあるが、両者の関係まで終わりとするものではない。利用者・支援者が納得の上で終結とするものの、利用者は不安を感じることもあり得る。そのため、終結後も必要に応じて相談することができることを説明し、安心感を得てもらうことが必要となる。

　本事例は、園児への支援と家族への支援を並行して行っている。児童の個別援助では家族も含めて支援を行うことも多い。本児には保育士が直接的に働きかけを行い、母親には支持的な対応と子どもとのかかわり方の指導を行っている。父親はもともと子育てや家事等への対処能力があったため、関与のきっかけを作ることで課

題解決への道筋をつけることができた。保育士は、保育園にも働きかけを行うことで環境の調整も図っている。本事例のように、個別援助ではあるものの、児童、家族、保育園（機関）へと支援の範囲は拡大していくことがあることを理解しておく必要がある。

参考文献

杉本敏夫・住友雄資編著 (2008)『改訂新しいソーシャルワーク―社会福祉援助技術入門』中央法規.

桐野由美子編著 (2012)『保育者のための社会福祉援助技術』樹村房.

横山文樹・駒井美智子編 (2014)『保育・教職実践演習―保育理論と保育実践の手引き―』大学図書出版.

社会福祉士養成講座編集委員会編 (2015)『相談援助の理論と方法I』中央法規.

社会福祉士養成講座編集委員会編 (2015)『相談援助の理論と方法II』中央法規.

森本美絵・向井通郎 (2006)『保育士をめざす人への社会福祉援助技術』ふくろう出版.

吉田眞理 (2015)『生活事例からはじめる相談援助』青踏社.

吉田眞理 (2015)『生活事例からはじめる保育相談支援』青踏社.

英国ソーシャル・ワーカー協会研究部会編　柴田善守・本出祐之監　白澤政和他訳 (1981)『ソーシャル・ワーカーの役割とは何か』大阪市立大学生活科学部社会福祉学研究室.

第6章　集団援助技術（グループワーク）

1　集団援助技術の意義と機能

（1）集団援助技術の意義

①ソーシャルワークにおけるグループワークの位置づけ

グループワークは、19世紀ロンドンのYMCA（キリスト教青年団）やセツルメント運動等が源流となり、アメリカにおいてレクリエーション活動やグループでのプログラム活動として発展した。

グループワークの理論は、1927（昭和2）年から1932（昭和7）年にかけて行われたアメリカのメイヨーらによる「ホーソン工場の実験」や、1934（昭和9）年に発表されたモレノらの「ソシオメトリー」の影響を大きく受けている。その後、1940年代にレヴィンによるグループダイナミクス、「グループワークの母」と称されるコイル、「相互作用モデル」を提唱したシュワルツなどによって、グループワークはソーシャルワーク技術のひとつとして位置づけられた。

②グループワークの定義

グループワークに関する最初の定義は、1935（昭和10）年の全米社会事業会議に初めてグループワーク部門が設置され、ニューステッターが報告したものである。それによると、「自発的なグループワークにおける交友を通じての各人の発達と適応、およびこの交友を社会的に望ましい諸目標を拡充する手段として活用すること[1]。」とされている。

日本では、コノプカとトレッカーの定義がよく知られている。

コノプカの定義（1963（昭和38）年）

「ソーシャル・グループ・ワークとは、社会事業の一つの方法であり、意図的なグループ経験を通じて、個人の社会的に機能する力を高め、また個人、集団、地域社会の諸問題に、より効果的に対処しうるよう、人びとを援助するものであ

る。[2]」(表6-1)

トレッカーの定義（1948（昭和23）年）

「ソーシャル・グループ・ワークは社会事業の一つの方法であり、それを通して、地域社会の各種の団体の場にある多くのグループに属する各人が、プログラム活動のなかで、彼らの相互作用を導くワーカーによって助けられ、彼らのニードと能力に応じて、他の人々と結びつき成長の機会を経験するのであり、その目ざすところは、各人、グループ及び、地域社会の成長と発達にある。[3]」

2　集団援助技術の機能

グループを意図的に援助や治療に活用するということは、グループでの相互作用が利用者一人ひとりに効果的な働きかけをすると考えられていることに基づいている。グループワークはソーシャルワークの方法のひとつであり、ソーシャルワークの原則は、グループワークにも適用される。コノプカは、グループワークにおける基本原則14項目を掲げた。

3　集団援助技術の展開過程

集団援助技術のモデルとなる展開過程は、次のとおりである。

（1）準備期

準備期とは、グループでの取り組みを実際に始める前の段階である。援助者がグループ援助を開始するために、グループの計画を立て、利用者たちに予備的な接触を始める段階を指す。

①グループ計画

グループワークのニーズを特定し、グループの趣旨、目的、プログラム活動の内容を計画し、グループのメンバーは固定とするのか、流動的とするのかなどを検討

表6-1 コノプカのグループワークの原則

1	グループ内での個別化の原則	各個人の独自性、相違点を認識し、それにしたがって行動すること。
2	グループの個別化の原則	多種多様のグループをそれぞれ独自のグループとして認識し、それにしたがって行動すること。
3	メンバーの受容の原則	各個人をその個人独特の長所・短所とともに純粋に受け入れること。
4	援助者と利用者の援助関係の構築の原則	援助者と利用者との間に意図的な援助関係を樹立すること。
5	利用者間の協力関係の促進の原則	利用者間によい協力関係ができるように奨励し、その実現に力をかすこと。
6	グループ過程の変更の原則	グループ過程に必要な変更を加えること。
7	参加の原則	利用者が各自の能力の段階に応じて参加するよう励まし、またその能力をさらに高めることができるよう援助すること。
8	問題解決過程への利用者自身の取り組みの原則	利用者が問題解決の過程に参加することができるように援助すること。
9	葛藤解決の原則	利用者が葛藤解決のためのよりよい方法を経験するように援助すること。
10	経験の原則	人間関係をもつことにおいて、また、ものごとを成就することにおいて、多くの新しい経験を与えること。
11	制限の原則	制限を、各個人およびグループ全体の状況に対する診断的評価に基づいて、巧みに用いてゆく。
12	プログラムの活用	各利用者、グループ目的および社会的目標の診断的評価に基づいてそれぞれの状況にふさわしいプログラムを意図的に用いていくこと。
13	継続的評価	個人およびグループ過程について継続して評価を行うこと。
14	援助者の自己活用	援助者は温かく、人間的に、しかも訓練によってえた方法にしたがって自己を活用していくこと。

（社会福祉士試験対策研究会（2015）『福祉教科書 社会福祉士 完全合格テキスト 専門科目』翔泳社 より筆者作成）

したうえで参加者を募る。

②グループワークの環境を整える

グループワークを実施するには、援助者の所属機関内の組織的サポートが必要である。機関内でグループワークの意義や目的を説明し、理解と支持を取り付けておく必要がある。また、活動資金、施設、機材、人材等、社会資源の確認をしておくことが必要である。

③波長合わせ

波長合わせは、利用者がどのような思いをもってグループワークに参加するのかを、援助者があらかじめ理解しておくことである。そして、グループワークの場面で表面化するかもしれない事柄について予測しておくこと（予備的感情移入）である。

(2) 開始期

開始期とは、最初の集まりからグループとして動き始めるまでの段階を指す。利用者は、お互いを受け入れ、信頼関係を構築しながら、グループの中で目的に向かって歩み始める。

①援助関係の樹立

各利用者と援助者との間に援助関係を樹立することに焦点をあて、援助者はグループで利用者同士がつながっていくことができるように支援する。開始期は、利用者は緊張や不安感をもち、利用者間のつながりが希薄である。援助者は利用者の感情を理解し、自己紹介やゲームなどを通してアイスブレイキングを行い、利用者の緊張をほぐし、利用者同士が安心してグループワークに参加できるように和やかな雰囲気を作ることが必要である。

②契約

グループが動き始めるにあたって契約を明確にする。契約とは、利用者と機関側との間で目標達成に向けての取り組みについて合意を形成し、双方の責任を明確にすることである。契約を結ぶことの意義は、以下の3点である。

a. 利用者にグループワークの目的、メンバー召集の基準を明らかにする。
b. 利用者がグループワークに対して具体的な見通しをもつことができる。
c. 問題解決の主体は利用者であり、援助者はそれを側面的に支援する役割であることを明らかにする。

（3）作業期

　作業期とは、利用者とグループが自分たちの課題に取り組み、展開し、目的達成のために明確な成果が出るように進めていく段階を指す。援助者は利用者同士の相互援助体制を作り、個人とグループの目標を達成していけるように援助する。

　①グループ作り

　援助者は、グループ作りに本格的に着手し、利用者間に共通点を見出し、利用者全員がそれを意識化するように働きかけることによって、共通基盤を作りあげていく。グループを組織化するために、リーダーを選び、ルールを決め、利用者の役割を決める。こうした働きかけにより、グループに共通の目的意識が生じ、グループ規範が生まれる。グループ規範とは、グループを目標達成に向かうようにするための準拠枠であり、グループ内における共有の価値観や暗黙の合意事項である。グループ作りの過程では、グループ規範を効果的に活用する必要がある。

　②相互援助システムの形成

　援助者は、利用者との関係を広げながら、利用者同士が互いに知り合い、共通点を発見し、互いに尊重し合い、相互に受容できるよう、媒介者として、利用者間のコミュニケーションを促す。グループで取り扱う課題については、利用者間で共通するものと共通しないものがあることを認識し、利用者が相互にその個別性を尊重し、受容することを促す。

　③相互援助システムの活用

　援助者は、グループ内で個人情報の分かち合いと受容を促し、利用者に共通する問題の見方や解決策について考察を深めるよう働きかけをする。利用者一人ひとりの問題について、利用者全員で向き合うことで、利用者同士が他の利用者の問題解決に貢献できるようにする。

（4）終結・移行期

　終結・移行期とは、グループ援助を終わりにし、利用者が円滑に次の段階に移行できるよう促す段階である。

　①終結への準備

　グループワーク活動を効果的に援助するためには、終結に向けて計画的に取り組

む必要がある。例えば、終結が近づいていることを適切な時期に利用者に伝えることで、利用者が問題解決への取り組みを含めて終結の作業に取り組んでくことができるようになる。グループワークを終結させる理由は、以下の3点である。

　　a.　グループ全体としても、個人としても、グループワークの目標が達成され、グループとしての存在理由がなくなった場合。

　　b.　最初に計画していた予定回数や期間が終了した場合。

　　c.　利用者の目標が一致せず、そのまま継続してもグループワークの効果が期待できない場合。

②感情の分かち合い

終結は、愛着の対象を失うことであり、寂しさや喪失感を伴う場合が多い。利用者が終結に対して抱く感情を自由に表現する機会を設け、感情を分かち合えるように促す。

③評価と移行への準備

グループワークで取り組んできたことを振り返り、評価する必要がある。利用者がグループ活動全体を振り返り、グループとしての目標達成と、個人としての目標達成について肯定的に評価し、活動を通して自分たちが成長したことの気づきを促す。この肯定的評価は、個々の利用者の自信となり、グループワークから移行し、次の場面への出発の後押しとなる。

4　保育現場と集団援助技術の実際

　保育所そのものが、既に小集団のグループ活動である。保育者（援助者）は、子どもたちのグループ経験を豊かにしていくことが、保育における達成課題の一つであることを自覚する必要がある。

　以下に、保育所での「生活発表会」の劇遊び（5歳児クラス：かえで組）における集団援助技術の事例を示す。

（1）準備期

事例１　グループの計画・波長合わせ

　保育者は担任をしている５歳児クラスの劇遊びの題材に『からすのパンやさん』を選んだ。そこで、会議において、園長をはじめとする保育者全員に『からすのパンやさん』を選んだ意義や目的を説明し、理解と協力を求めた。

　また、子どもたちと「パン」や「パンや」に関する絵本を読んだり、散歩に「パンや」見学を入れたり、子どもたち自身が考えたパンの絵を描いたりし、パンについての関心を深めていった。

　生活発表会は、今までの“生活”を“発表”する場、つまり、日常の保育活動で積み重ねてきた経験や活動を、様々な表現方法によって発表する場である。このグループ活動の目標は、以下のとおりである。①友だちや保育者と考えを出し合い、イメージを膨らませ、表現し、遊ぶ楽しさを味わう。②友だちと協力する大切さを感じ、友だちの良さや力を合わせて取り組む充実感を味わう。

　この事例の場合、保育者は『からすのパンやさん』を題材に選んだ意義や目的として、次のようなことを挙げた。①５歳児は「お店屋さんごっこ」等を通して、職業に関心を深めている。②サツマイモやイチゴ等の植え付けや収穫を通して、「食」に関心を深めている。③劇遊びのために背景や道具を作ることには、「造形」の要素がある。

　子どもたちの波長合わせとして、「パン」や「パンや」に関する絵本を読んだり、散歩に「パンや」の見学を入れたり、子どもたちとパンの絵を描いたりすることで、「カラスのパンやさん」のイメージの共有を図った。

（2）開始期

事例２　友だちと協力関係を構築し、目標に向かって歩み始める

　生活発表会が近づき、保育者から今年の生活発表会では『カラスのパンやさん』の劇遊びを行うことを子どもたちに発表した。準備期に「パン」に関する事柄を保育に取り入れていたため、子どもたちからは「やったぁ。」という声が多く聞かれ、早速、配役に関する意見が口々に出された。

開始期は、グループワークのメンバーが出会い、グループとして動き始めるまでの時期である。この事例の場合、4月からクラスという単位でグループ活動を行っているので、生活発表会の時期には、メンバー同士のつながりはある程度できていると思われる。その中でも、保育者は子どもたちの自発的な言葉を支持し、子どもたち同士が安心して自由に交流が図れるように、和やかな雰囲気を作ることが必要である。

(3) 作業期

事例3　子どもたちの相互援助システムを作り、活用する

　配役を決めるときに、Aちゃんが「りんごちゃん（カラスの子どものひとり）をやりたい。」と言ったとき、BちゃんとCちゃんも「私もリンゴちゃんがしたい。」と言い出した。その様子を見ていた保育者は、「絵本にはカラスの子どもは4羽だけど、もっとたくさんの子どもをだそうか。かえで組だけの『カラスのパンやさん』を作ろう。」と、絵本に縛られることはないことを子どもたちに伝えた。すると、子どもたちから、イチゴちゃんやバナナちゃんなど、新たな子どもの配役の意見が出されるようになった。

　作業期は、メンバーとグループが自分たちの課題に協力して取り組み、目標達成に向かって明確な成果を生み出すように進めていく段階である。この事例の場合、保育者は、子どもたちの様子を見守り、グループの動きを損なわないように適切な配慮をしていくことが望まれる。また、「かえで組だけの『カラスのパンやさん』を作ろう。」という働きかけにより、子どもたちのグループ意識を高め、子どもたち同士のつながりを強くしていこうという保育者の意図が伺える。

(4) 終結・移行期

事例4　子どもたちの相互援助システムを作り、活用する

　生活発表会が終わり、自分たちで考えた役割をそれぞれ演じた子どもたちは達成感と充実感を得たようであった。保育者は子どもたちに、「みんなで頑張ったから、いろんなパンが焼けたね。○○ホーム（高齢者施設）に行った時も、おじいさんやおばあさんにも、元気な声で、パンを焼こうね。」と、次の活動につなげる言葉がけをした。

第6章　集団援助技術（グループワーク）

　終結・移行期は、グループ終結の作業を進め、メンバーが円滑に次の段階に移行できるように援助する段階である。この事例の場合、子どもたちの活動を「いろんなパンが焼けたね。」と肯定的に評価することで子どもたちの自信となり、次の高齢者施設での発表会に向けての後押しとしている。

引用文献

1）Reid, K. E., (1981) *From Character Building to Social Treatment: The History of the Use of Groups in Social Work*, Greenwood Press, Westport. 大利一雄訳 (1992)『グループワークの歴史　人格形成から社会的処遇へ』勁草書房．p. 127.

2）Konopka, G., (1963) *Social Group Work: A Helping Process*, Prentice-Hall, New Jersey. 前田ケイ訳 (1967)『ソーシャル・グループ・ワーク：援助の過程』全国社会福祉協議会．p. 27.

3）Trecker, H. B., (1972) *Social Group Work: Principles and Practices*, Association Press, Indiana. 永井三郎訳 (1978)『ソーシャル・グループ・ワーク──原理と実際 全面改稿, 最新資料増補』日本YMCA同盟出版部．p. 8.

参考文献

社会福祉士養成講座編集委員会編 (2016)「新・社会福祉士養成講座6　相談援助の基盤と専門職　第3版」　中央法規．

社会福祉士養成講座編集委員会編 (2016)「新・社会福祉士養成講座7　相談援助の理論と方法Ⅰ　第3版」　中央法規．

社会福祉士養成講座編集委員会編 (2016)「新・社会福祉士養成講座8　相談援助の理論と方法Ⅱ　第3版」　中央法規．

杉本敏夫・豊田志保編 (2013)「相談援助論」　保育出版社．

社会福祉士試験対策研究会 (2015)「福祉教科書 社会福祉士 完全合格テキスト 専門科目」　翔泳社．

第**7**章　地域援助技術（コミュニティワーク）

1　地域援助技術の意義と機能

（1）相談援助における地域福祉と地域援助技術

　近年の社会福祉実践は、生活課題を抱える福祉当事者への個別支援をベースに、その人への支援を地域の中で展開し、地域ぐるみの支援の仕組みをつくる広がりを持つ実践となっている。このことは、クライエントに対して個別に支援者が支える「点を点で支える援助」から、専門職や地域住民を含んだ多様な主体が支援者となり支える、「点を面で支える援助」への移行を示すものである。そして、福祉専門職には、面を面だけでとらえていた援助から「点を支える面をつくる援助」までを視野に入れた実践を行うことが求められている。

　そこでは、従来のように個別支援（ミクロ）、集団支援（メゾ）、地域支援（マクロ）といったように対象を明確に分けて支援を考えるのではなく、それらを一体的に捉えることが求められている。つまり、集団支援、個別支援という実践の先には地域支援があり、地域支援という実践の先には個別支援、集団支援があるという考え方である。このことは、クライエントの生活の一部を切り取った支援ではなく、生活全体を意識した支援のあり方であり、ソーシャルワークが重視する「人と環境の相互作用」という考え方に通じる。そこで、地域援助技術を学ぶためには、個別援助技術と集団援助技術に対する基本的な理解が必要となる。

　地域を対象とした地域援助技術は、個を支えるための地域をつくるという側面と、基盤となる地域の仕組みづくりという側面がある。地域福祉が目指すものは、誰もが活躍できる地域社会、すなわち誰も排除しない共生文化を創造することであり、地域の支え合う関係やつながりの再構築を基盤に、多様な主体が共同して地域の生活課題を解決していくことである。地域福祉援助は、このような地域福祉を目指していくものである。

(2) 地域福祉における支援の概念整理

地域福祉を理解する為に、縦軸に人々の生活課題の性格を「個人の課題」なのか「地域の課題」なのか、横軸に対応の仕方を「個別に対応」するのか「地域ぐるみで対応」するのかで置き、支援の内容を整理すると、4つの象限ができる[1)2)](図7-1)。

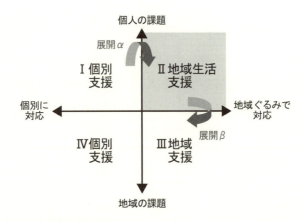

図7-1 地域における支援の類型化

(松端克文 (2013)「地域福祉を『計画』的に推進するということ―"地域生活支援 (コミュニティソーシャルワーク)"と計画づくり」『NORMA』267, 全国社会福祉協議会地域福祉推進委員会, p.7.)

①象限Ⅰ：個別支援（個人の課題×個別に対応）

生活課題を抱えている住民の相談にのり、生活保護制度や介護保険制度などの利用につなげることで、当該の生活課題への対応がなされ、それ以外の支援が必要ないものを指す。ミクロレベルのソーシャルワーク実践であり、ケースワークやケアマネジメントが行われる。

②象限Ⅱ：地域生活支援（個人の課題×地域ぐるみで対応）

生活課題を抱える住民への支援を展開していくうえで、法制度に基づく支援に加えて、地域の民生委員のボランティアによる支援等を組み合わせて、地域の中にソーシャルサポートネットワークを形成することで対応していくような支援である。そこでは、地域の社会資源を踏まえ、支援を組み立てていくことが求められる。そして、ジェノグラム、エコマップ、家族関係、社会資源、社会関係について視覚的に把握することが求められる。

③象限Ⅲ：地域支援（地域の課題×地域ぐるみで対応）

地域に共通しているような課題に対して、集合的に対応するような支援である。地域の生活課題を集約化し、住民の主体形成を促し、地域住民が自ら課題解決に取り組めるように支援していく。地域診断や住民の組織化、ネットワーク化、事業化、制度化、福祉教育の推進、ソーシャルアクション、地域福祉の計画的促進といった力が求められる。

④象限Ⅳ：個別支援（地域の課題×個別で対応）

地域の課題として確認できるものの、具体的な支援としては個別に対応するものである（買い物困難地域でのヘルパー利用による解決等）。

これら4つの象限のうち、地域援助技術は象限Ⅲを中心に展開されることが多い。しかしながら、これら4つの象限はそれぞれ切り離して考えるものではなく、一体的にとらえることが必要となる。そのため、支援展開においては、対象となる生活課題の全体像のなかでの位置付けと、それらに対応する諸々の実践を集合的に把握した上で、地域全体をシステムとしてとらえることが必要になる。このような地域全体システムを理解した上で自身の支援を展開していくことが、地域援助技術の実践には求められる。

（3）地域援助技術の機能

ソーシャルワーク実践において、個別援助、集団援助と比較すると地域援助の技術は次のような特徴を持つ。第1に、支援の対象となるクライエントを、課題を抱えている者として捉えるだけでなく、問題解決の主体と位置づけ、さらに活動主体とする点である。このことは、ソーシャルワーク実践全般に当てはまる。しかし、地域援助においては、個別生活の課題解決主体としてだけでなく、地域全体の課題解決主体として位置づけ、機能させる援助となる点に大きな特徴がある。これは、対象者と支援者の関係を「主体と客体」、「援助するものとされるもの」と固定したものでなく、状況によって転換するという考えである。そこでは、「エンパワメント」と「アドボカシー」という実践理念が重視される。

第2に、ソーシャルワーク実践における社会資源活用のため、新たな社会資源を開発する機能を持つという点である。この資源開発は、"開発ありき"を意味するものではない。地域の社会資源の正確な理解と、既存資源の普及や修正を前提として、

不足するものや必要な社会資源がなければ、新たに開発することである。まずは、既存資源の修正（再組織化）を検討する。そこでは、既存資源ではクライエントに対応できない時などに、サービス提供の範囲を超えた対応が求められる。新たな資源開発においては、地域住民の参画を重視し、運営においては各機関や組織の専門職と地域住民の協働が重視される。このような取り組みを通して、地域社会の変革を促していくことも地域援助技術の特徴といえる。

　第3に、第1と第2の特徴を踏まえたうえで「ソーシャルアクション」機能を持つという特徴がある。地域の中で個別支援を展開していくうえでは、あらゆる既存の社会資源を活用する。しかし、制度の狭間の問題等において、既存の制度やサービスでは対応できない場合には、社会資源を開発して支援を行う。それは、さまざまな社会資源を組織化し、利用者の自立生活を支援するソーシャルアクションでもある。このソーシャルアクションは、専門職だけでなく地域住民とともにアドボケート機能を果たし、排除型社会の進行を緩和し、共生型社会へと社会変革を促すものである。

　このように、地域援助においては個別の課題から始まり、地域全体を支援対象とし、共生型の社会を創造していくことになる。そして、共生型社会を創造するにあたっては、「全体性」「関係性」「個別性」「主体性」といった4つの視点が重要となる[3]。

　「全体性」とは、人間が社会生活を営んでいく上で必要なものは、福祉の制度が対応する一部のサービスだけで満たされるものではなく、一日、一月、一年という時間と、自宅内外等様々な場所という空間の中で行われる日常生活、社会生活の中で満たされるものであるということである。そして、この日常生活を支える場は地域である。従来の社会福祉サービスは、サービスを優先し、ともすればサービス内容に合致するクライエントのニーズのみを対象としてきた。しかし、近年の社会福祉実践はクライエントの日常生活、そして地域生活、社会関係を鑑み、ニーズを優先し、対応するサービスがなければ積極的に開発するものへと変化している。

　「関係性」とは、“するもの”と“されるもの”という二元的な固定観念ではなく、その関係は流動的、相対的なものであるということである。すなわち、従来では社会福祉の対象者とされている人たちも、時にその課題を体現するものとして社会に対する役割を持つという考え方である。

「個別性」とは、個別支援において個人を重視するように、地域支援においてその地域を重視することである。都市部での問題がそのまま他の地方都市に当てはまるとは限らない。近年では、待機児童問題が子育て世帯にとっては非常に深刻な問題として取り上げられている。これらは、全国の主要な都市を中心に問題になっているが、一方で待機児童が少ない、もしくは0の都市も存在する。また、市町村合併に伴い、地域の圏域が拡大している。そのため、同一行政区内においても課題の多い地域と少ない地域が混在している。とくに、都市部や中心部では人口密度が高く、地方都市や周辺部では低くなり、子どもがいない過疎地域、限界集落といった地域も増加傾向にある。さらに、一部地域においては、同一行政区内においても都市部、中山間地域、島嶼部という多様な背景を持つ地域が混在している状況がある。これらの地域は、その成り立ちや現在抱える課題の状況、風土や文化も異なる。そのため、行政単位による一地域という捉え方だけでなく、地域の歴史に基づいた地域の個別性を重視することが、共生型社会を創造していく上では重要となる。

「主体性」においては、「社会福祉法第4条　地域福祉の推進」に示される3つの主体が重要となる。すなわち、地域住民、社会福祉を目的とする事業を経営する者及び社会福祉に関する活動を行う者であり、具体的には地域の福祉専門職、民生児童委員やボランティア・市民活動実践者といえる。共生型社会の創造は、専門職や一部の住民の力だけでは成り立たない。より多くの地域住民が他人事を我が事としてとらえ、主体的に関わることができるかがカギとなる。このような主体形成において、地域援助に寄せられる期待は大きい。

2　地域援助技術の基本的性格

(1) 地域援助技術（コミュニティワーク）の展開

一般的なコミュニティワークは、一定範囲の地域社会で生じる地域住民の生活問題を、地域社会自体が主体的・組織的・計画的に解決していけるよう、支援者から側面的援助を行う過程、およびその方法技術を指す。今日、地域援助技術（コミュニティワーク）が求められる地域の生活問題には、中山間地域等の地域再生、災害地復興といったものも挙げられる。そこでは、地域援助技術（コミュニティワーク）

を用いて地域の課題を解決するための基盤づくりが行われている。この基盤づくりの実践「プロセス」は、①活動主体の組織化、②問題（ニーズ）の把握、③計画立案、④計画の実施、⑤評価、という5段階となる[4]。

　コミュニティワークのプロセスでは、地域住民が自分たちの生活課題解決を行政や一部の専門職に依存するのではなく、自分たちも協働で解決していくことを目指す。そのために、地域の問題解決に向けて住民や専門職、専門機関、各種団体の組織化を図る。そして、自分たちの暮らす地域とそこでの生活に目を向けて、生活実態と問題（ニーズ）を把握する。そのうえで、解決すべき問題の優先順位を明確化し、課題解決に向けた計画策定に取り組む。計画策定においては、活動主体となる自分たちだけでなく、他の地域住民や専門職との協働、行政計画との連携を踏まえた上で行政との協働といった視点が必要となる。計画の実施においては、主体的な参加と共に、より多くの人びとを巻き込むことが求められる。そして、計画の実施結果については、量的・質的、主観的・客観的、複数の視点から評価を行い、その効果や今後の課題、また新たな問題について把握する。

　ただし、実際の実践現場においては、ここに示すプロセスが規則正しく進むわけではない。計画の策定や実施がうまくいかないこともある。そのなかで、コミュニティワークは「活動主体の組織化」を重視する。そのため、これらプロセスのうち「活動主体の組織化」をどのように進めていくのか、どの段階で組織化を行うのかによって、その基本的なパターンが3つにわかれる[5]。

　1つ目は「問題共有型」の組織化である。ここでは、はじめに「活動主体の組織化」が行われ、住民や専門職が協働し、問題（ニーズ）の把握から関わる。問題（ニーズ）の把握から関わることで、地域にどのような問題（ニーズ）があるのかを参加者が理解し、互いに共有しやすいという特徴がある。

　2つ目は「問題解決型」の組織化である。ここでは、あらかじめ専門職が中心となり問題（ニーズ）の把握を行う。そのうえで問題解決に関わる住民や他の専門職といった「活動主体の組織化」を行い、計画策定を行っていく。

　3つ目は「プロセス重視型」の組織化である。ここでは、住民の主体化のプロセスをより重視する。初めに緩やかな「準組織化」が行われ、専門職とその組織が協働して問題（ニーズ）の把握を行う。そして、問題解決に係わる社会資源をさらに追加した「活動主体の組織化」が行われる（図7-2）。

第7章　地域援助技術（コミュニティワーク）

表7-1　プロセスモデル（永田による）

段階	手順	内容	説明
1. 活動主体の 組織化	1	・取り上げるべき問題に関連する機関や人々を活動に組み入れる	問題をかかえている人びとと、問題解決の努力をしている人びと、関連する機関、専門家、団体にはたらきかけ、組みいれ、課題解決推進の主体を組織化する
2. 問題把握	2	・地域特性の把握 ・福祉水準、問題、および社会資源についての基礎的把握	地域福祉推進にあたって、その地域の特性（気候条件、地理的条件、人口動態、産業構造、住民性、住民意識構造）を把握し、福祉問題の予測、問題の背景、住民の考え方、態度の特徴を明らかにしておくことが前提となる。 要援護者の実態、住民のかかえている福祉問題、福祉水準および社会資源（地域の諸機関、団体、専門家等）についての基礎的把握
	3	・社会的協働により解決を図るべき問題の明確化とその実態の把握	既存資料の分析、新たな調査、活動、事業を通じての把握、専門家の判断等により社会的に解決を図るべき福祉問題を発見し、その実態について多面的に明らかにする
	4	・問題を周知し、解決活動への動機づけをおこなう	広報、話しあい、福祉教育等を通して問題提起し、自覚化と共有化を図り、解決しなければならない課題として動機づける
3. 計画策定	5	・課題解決に動機づけられた問題をより明確にし、優先すべき課題を順序づけ推進課題の決定をおこなう	問題の相互理解を深め、問題の深刻度、緊急度、広がりおよび住民の関心、地域の社会資源の問題解決能力、従来の活動や施策等の評価から何を推進課題として取りあげるか決定する
	6	・推進課題実現のための長期・短期の具体的達成目標の設定	何を、どの水準にまで、いつまでに達成するのか、それは全地域を対象とするのか一部地域か、全員を対象にするのか一部か等を明確にし、長期・短期の目標として設定する
	7	・具体的実現計画の策定	目標を実現するために誰が何を分担し、どのような資源を活用して実施するのか、誰に働きかけるのか、財政は、時期は、推進機構等を明らかにした、具体的実施計画を関係者の共同計画として策定する
4. 計画実施	8	・計画の実施促進 住民参加の促進 機関・団体の協力の促進 社会資源の動員・連携・造成 社会行動（ソーシャル・アクション）	・広報、福祉教育推進等により動機づけや活動意欲を高め、住民参加・対象者参加を促進する。公私関係機関・団体・個人の連絡調整をおこない、計画実施のための協力体制を強化する ・問題解決に必要な社会資源の積極的な活用連携を図るさらに不十分であって欠けている社会資源を新たに創出する。とくにその設置、制定が国・地方自治体等の責任をもって実施しなければ困難な場合、要望・陳情・請願などの社会行動をおこなう
5. 評価	9	・計画の達成度、および組織化活動についての評価	・計画目標の達成度の点検、効果測定をおこなう ・活動の進め方、住民の参加、機関・団体の協力について評価する ・目標や計画そのものの評価をおこなう ・全過程の総括をおこない課題を整理する

（永田幹夫（2000）「地域組織化課程」『改訂二版　地域福祉論』全国社会福祉協議会，p.193.）

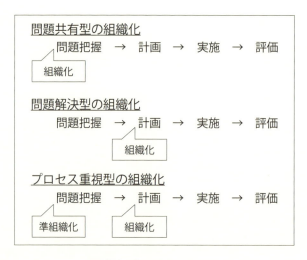

図7-2 コミュニティワークの組織化プロセスモデル

(原田正樹 (2014)『地域福祉の基盤づくり
―推進主体の形成―』中央法規, p.98.)

　また、活動評価については、タスク・ゴール、プロセス・ゴール、リレーションシップ・ゴールという3つの評価項目が示されている。
　①タスク・ゴール（課題目標）
　≪具体的な課題達成を重視する活動評価≫
　新たな資源やサービスを開発することによって、地域住民の福祉ニーズを具体的に充足することを目指す目標である。地域の福祉問題や生活課題を具体的にどの程度解決したか、地域社会のニーズ把握から、そのニーズの充足に社会資源はどの程度活用されたか、問題解決に住民はどの程度満足しているか、などが評価の視点となる。
　②プロセス・ゴール（過程目標）
　≪具体的な課題達成に至るまでの諸過程を重視する活動評価≫
　地域住民の福祉に関する意識や態度形成、協力関係の改善などを目指す目標である。地域社会の問題解決への取り組みの過程に、住民がどのような形で参加したか、参加を通して問題解決能力をいかに身につけたか、住民組織の主体形成力はどうはかられたか、などが評価の視点となる。問題解決に時間がかかっても、過程目標を達成することが、より恒久的な問題解決や問題発生の予防にとって有効となる。
　③リレーションシップ・ゴール（関係目標）

≪具体的な課題達成に至る過程においての関係を重視する活動評価≫

行政と地域住民の関係、関係機関相互の連携強化など、地域における社会関係の改善を目指す目標である。地域の社会関係、人間関係の構造が民主的であるかを測るものでもある。具体的には、権力者の支配を排し民主化が実現されているか、住民誰もが意見を述べることができ、その意見が尊重されているか、住民が行政に参加する機会が保障されているか、情報公開されているかといったことで、住民自治にかかわる評価の視点となる。

(2) コミュニティワークの技法

以上のような特徴を持つコミュニティワークは、地域診断、地域の組織化、社会資源の開発、各機関や組織との連絡調整などを中心的な技術として構成される。ここでは、地域診断（地域アセスメント）について深めていく。

地域アセスメントにおいては、地域特性と構造を把握すること目的に①地域の歴史と文化、②環境、③地域住民、④住民組織・団体、⑤情報の伝達・コミュニケーション、⑥権力構造、⑦社会資源構造の把握、が必要となる[6]（表7-2）。

また、「統計資料等」「地域特性（地域社会の個性）」「公共施設等」「保健福祉の公的サービス」「住民組織、職種・職域組織」「生活関連産業」といったものも把握する必要がある。なかでも地域特性は、「各種の性質」と「空間的広さ」から地域を捉えるものとされる。その性質とは、①自然的・物理的・環境的側面、②人口学的側面、③社会的・経済的側面であり、空間的広さとは、①町内会単位の小地域、②小中学校区、③市町村、④都道府県、として重層的に捉える点に特徴がある[7]。より具体的な項目としては、コミュニティ・アズ・パートナーモデル（表7-3）が参考となる。これらは、①地域のコア、②地域のサブシステム、③認識、の3つの部分から成っている[8][9]。

これらの項目をアセスメントするには、一つの機関・施設やひとりの専門職員だけでは難しい。このように、コミュニティワークは様々なフォーマルとインフォーマルの連携によって初めて成り立つものである。

表7-2　地域アセスメント項目

項目	例	解釈・活用方法
地域の歴史と文化	冠婚葬祭の習慣 お祭り	住民のコミュニティ意識
環境	行政による地域の分け方 地理・地形による地域範囲 産業構造（昼間夜間人口） 住宅状況（一戸建て、新興住宅地域) 交流の場（公園、公民館、ショッピングセンター)	地域内の人的交流構造 サービス利用量 住民リーダー確保の困難性
地域住民	人口動態 地域に対する住民の意識 地域のネットワーク 平均的な価値観・行動様式	地域介入の指針
住民組織・団体	住民組織・団体への会員の入会状況 会員の活動への参加・出席状況 活動内容と頻度 組織・団体の運営方法	地域問題に対応する機能
情報の伝達・コミュニケーション	地域情報誌・ちらし・回覧版 井戸端会議・口コミ	情報伝達方法と意思決定に影響を与えるコミュニケーション方法の確認
権力構造	公式的リーダー 非公式的リーダー 力関係・リーダーに対する支持率 政治意識の高低	意思決定に重要な役割 地域介入の指針
社会資源構造の把握	社会資源の存在 サービスの種類と分布状況と今後の計画 市町村・都道府県・国レベルの制度・計画 住民への社会資源の情報伝達状況	地域介入の際の活用資源

（杉本敏夫・斉藤千鶴編 (2003)『改訂コミュニティワーク入門』中央法規，pp. 46-51.より筆者作成）

表7-3　地域アセスメント項目（コミュニティ・アズ・パートナーモデル）

①地域のコア

大項目	小項目	データの例示	視点と判断・解釈の例
1 人口構成	①人口規模と変遷 　人口動態 　人口の移動 ②年齢別人口構成 　生産力人口、年少 　人口、老年人口 ③人種・民族別人口 　人種と民族 　言語 ④人口分布 　人口の地理的偏在、 　地区別人口	総人口と推移 出生率、死亡率 人口の増減、流出入、定住人口、 昼夜人口 性別年齢人口（5歳） 3区分別人口と割合 人種別人口 民族別人口 使用言語、地域の言語 人口密度 地区別人口	規模と推移から保健活動対象の 数量的把握 地域の安定性と流動性 地域社会の発展と将来予測 ライフサイクルごとの保健ニー ズと予測 言語、価値観、行動様式の固有 性と多様性の程度 それぞれの集団の独自性の尊重 人口の密集度と健康や社会問題 との関連 地区別人口集団の特性と保健活 動との関連
2 家族と 人々	①家族形態 　世帯構造 ②婚姻状態	世帯総数と推移 形態別世帯数 独居高齢者、高齢夫婦世帯、独居 障害者 家族員数 有配偶率、婚姻率、離婚率 既婚、未婚、離死別数（率）	健康課題に対する家族の対処力 家族と社会の安定性 ハイリスク家族
3 労働と 人々	①就業産業 　雇用状態と形態 ②社会階層 ③収入と家計	産業別人口 雇用形態別人口 所得水準 生活保護世帯率	労働形態と健康の関連 労働と生活の関連 生活の安定と労働の関連 人々の暮らしむき
4 文化と 人々	①信仰宗教 ②教育レベル ③歴史 ④価値と社会規範 ⑤風習	信仰している宗教別人口 教育背景別人口 識字率、進学率 市町村史 住民の価値意識 祭事	宗教と価値観やライフスタイル の関連 社会事象や健康への関心と意識 認識と変容の可能性や行動力 地域社会のルーツと住民のアイ デンティティ 保守的・進歩的意識 社会的役役割意識、ジェンダー についての意識と行動 住民の地域社会への定着性と愛 着、排他主義意識

②地域のサブシステム

大項目	小項目	データの例示	視点と判断・解釈の例示
1 物理的環境	①面積 ②地理的条件 ③気候 ④大気・水質・土壌 ⑤住環境	地図 面積 位置、地形 気候 空気、水、土壌、街並、住宅、土地利用 騒音	生活圏域 安全で健康的な環境の確保と危険因子 災害の危険性 公害の有無 生活の豊かさと困難さ
2 経済	①基幹産業 ②地場産業 ③流通システム ④購買圏	産業別人口、産業分布 事業所数、生産高、失業率 購買力と購買圏	基幹産業と自治体の発展、安定性 雇用の機会 個々人の生活の安定 購買圏と商業の中心地
3 政治と行政	①行政組織 ②政策 ③財政力 ④住民参加	行政組織・自治体の機構 法体系・条例 意思決定機関（議会と首長） 政策（総合計画、保健福祉計画） 自治体財政、財政力指数 政治的風土、投票率	地域の政治的意思決定の構造と決定者 組織における保健師の位置づけ 保健福祉の政策の実際 財政力 住民の政治への関心と行動 民主的運営か専制的か
4 教育	①学校教育機関 ②社会教育機関	学校・教育機関の数と配置 生涯教育の機関、図書館社会教育活動	教育の機会と保障 資源としての教育機関
5 安全と交通	①治安 ②災害時の安全 ③安全なライフライン ④交通	治安機関の数と配置 犯罪発生率と検挙率 救急車出動率、緊急対策体制 ライフライン（上下水道、ガス、電気）の整備 道路網、公共交通機関	安全な生活を護る社会的なシステムの働き 緊急時の防災と安全体制確保 安全で衛生的な生活の保障 移動の範囲と利用のしやすさ
6 コミュニケーション、情報	①地区組織 ②機能的組織 ③通信手段 ④近隣関係	地域の公的または民間組織 ボランティア組織他 通信手段の種類と普及状況 インターネット利用状況 近隣との人間関係	情報の伝達経路と速度 地域の生活の共同性と相互扶助 地域の情報伝達のパターン 地域のネットワーク
7 レクリエーション	①レク施設と利用	文化・スポーツ・娯楽施設 公園	生活を楽しむ機会 再生産の場の確保

8 保健医療 と社会福祉	①医療システム	医療機関と診療科目 医療圏 医療費・健康保険	医療の最低保障 施設の分布とサービス内容の実態
	②保健システム	保健施設と提供サービス 母子・成人・老人・感染症	公的サービス・民間サービス・NPO
	③福祉システム	福祉施設と提供サービス 障害者支援、介護保険 年金	サービスや制度の利用しやすさ、困難さ 住民のニーズとサービス提供
	④マンパワー	保健医療福祉の従事者数	
	⑤連携・調整システム	連携および調整のためのシステム	マンパワーの充足状況 システム機能の状況

③認識

Ⅲ. 認識	観察	データ
1. 住民：住民はこの地域についてどう感じているか、地域の強さを証明するものは何か、問題はあるか、様々な人（お年寄り、若者、田畑で働く人、工場で働く人、専門職、牧師、主婦）に質問したり、回答をくれた人を追跡しよう		
2. あなたの認識：この地域の"保健医療"についての全体的な状況。地域の強さは何か。どのような問題もしくは今後起こりそうな問題があることがわかったか。		

（エリザベスT.アンダーソン、ジュディス・マクファーレイン編（2007）『コミュニティアズパートナー――地域看護学の理論と実際』（金川克子，早川和生監訳）医学書院，pp.149-150.
佐伯和子（2007）『地域看護アセスメントガイド　アセスメント・計画・評価のすすめかた』
医歯薬出版，pp.8-9.より筆者作成）

3　保育現場と地域援助技術の実際

（1）保育現場と地域のつながり

　保育現場における地域援助は、例えば保育所という施設に関わる子ども・家庭だけではなく、地域に生活するすべての子ども・家庭を対象とするものである。家庭での療育を支援するためには、地域全体で子育て支援を行うことが求められる。また、近年は発達に課題を抱える子どもや障害を持つ子どもを抱える家庭、児童虐待が疑われる家庭等、保育現場において配慮を必要とする子どもが増加しているという課題もある。このことは、精神面、生活面などで支援を必要とする家庭（保護者）の増加を示唆し、多様な保育・子育てニーズへの対応が求められることを意味する。

そして、里親制度といった、家庭での養育が困難または受けられなくなった子ども等に、温かい愛情と正しい理解を持った家庭環境の下で養育を提供する制度も含め、地域住民で「子どもの最善の利益のために」「社会全体で子どもを育む」社会的擁護の必要性が高まっている。

このような、複雑で多様な保育・子育てニーズへの対応は、一保育所や地域の子育て支援拠点だけで完結するものではない。より多くの地域住民や専門職が関わり、子育てを自分事、地域の出来事として、地域の中で支えていくことが求められる。その際には、個別援助技術を用いてクライエントの生活問題を把握し、同時にその家庭を取り巻く生活や状況、環境などにも目を向けていく。同時に、地域援助技術の地域診断によって、より広い環境としての地域社会の実態を把握し、課題解決のための活動主体の組織化、地域での計画立案、実施といった手法を用いて、課題を抱えているクライエントだけでなく、同様な課題を抱える可能性のある家庭を支える地域をつくることが重要となる。

とくに、平成16年度児童福祉法改正の中で、虐待を受けている子ども始めとする要保護児童の早期発見や適切な保護を図るために、関係機関がその子ども等に関する情報や考え方を共有し、適切な連携の下で対応していくことを目的とした要保護児童対策地域協議会が設置された。このことは、家庭や施設の中だけでなく、それらを内包する地域の中で子育てを行っていくことの重要性を意味する。

さらに、子育て支援に関する施設については、妊娠期から子育て期を通じ、世帯の実情にあったきめ細かいサービスを提供することが求められている。しかしながら、人口減少社会の中、すべての市町村が同様のサービスを構築することは難しい。そのため、市町村がこれらの施設を整備するにあたっては、将来の都市像を考慮し、子育て世帯の居住地、勤務地、医療機関等の関連施設、地域公共交通ネットワークの状況等に応じ、適切な検討を行っていかなければならない。このような検討においても地域援助技術が用いられ、一部の専門職だけが行うのではなく、地域住民の参画によって、地域で支え合う共生型社会の構築が求められている。

（2）児童のための地域福祉活動
事例

毎日児童館に遊びに来る児童Aは、いつもお腹をすかせていた。そのため、他の

児童が持ってきているおやつを奪い取るといった行動がみられた。Aの家は母子家庭であり、親の帰りが遅く、自宅にはおやつがなく、夕食も毎日食べることはできず、日々の食事は朝食と給食だけであることが分かった。児童館職員が学校に相談したところ、Aの両親は離婚したばかりで母親は日々の生活が苦しく、Aのことを大切に思う一方で、余裕が持てていないことがわかった。このような貧困状態にある子どもに対する支援について、職員は民間の小規模な児童館でできることの限界を感じていた。

　そこで、行政や社会福祉協議会にはたらきかけ、このような児童の貧困問題に対する勉強会を開催し、地域住民、民生児童委員、自治会、地区社会福祉協議会、PTA、子育てサークル、ボランティア、スクールソーシャルワーカー、保育園、幼稚園などと、子どもの貧困やひとり親家庭の課題に関する意見交換を行った。意見交換会の中では、地域の中で潜在化してしまう貧困について、その課題がそれぞれの立場から伝えられ、専門機関間の支援の連続性の課題、住民の貧困世帯への理解不足や誤認、地域での貧困世帯の生活実態が少しずつ浮かび上がってきた。

　その後、参加者を増やしながら複数回の勉強会が開催され、貧困世帯への支援が検討された。そして、家で満足に食事を取れない子どもたちに温かい食事を提供することを目的とする子ども食堂を運営するということが計画された。しかしながら、実際の食堂運営に当たっては、場所、食材、資金、調理といった課題が山積していた。そこで、地域の中で活用できる場所や食材、調理のボランティアを探すことから始まった。

　勉強会開始から半年後、商店街内で夜間、バーとして営業している店舗を活用した子ども食堂が月に1回のペースでオープンした。資金面では寄付金や補助金を活用し、継続的に運営ができるだけのベースを構築し、食材の一部は近所の農家から分けてもらうことができた。お店の協力もあり、家賃や光熱費は低額で、昼から夕方までが子ども食堂、夜間はバーとして営業。勉強会参加者や活動に賛同してくれたボランティアが中心となり、食堂を運営している。子どもたちはご飯を食べるだけでなく、そこで遊んだり勉強したり、新しい自分の居場所を見つけることができ始めている。また、バーにチラシを置くことで、夜間お店を利用するお客さんに対しても地域の貧困世帯の問題や、この場所が子ども食堂として使われていることを伝えることとなり、子ども食堂運営のための寄付を募ることもできている。

この事例では、専門職が出会った一つの課題を、より多くの専門職や住民とともに考え、地域の課題として捉えなおし、ともに活動する参加者を増やしながら地域の実情を把握し、社会資源を活用して解決・緩和を目指している。さらに、専門職だけでは見つけることができない地域の社会資源を地域住民が探し出し、交渉し、活用している点に特徴がある。そして、地域に潜在化する課題を専門職が掘り起こし、地域住民を巻き込みながら組織化していく。その組織が拡大しながら主体的に資源を開発し、活動を展開するというコミュニティワークのプロセスを踏んでいることが確認できる。現在、この子ども食堂では、専門職と協働で評価の視点を検討している。また、勉強会参加者は、子ども食堂の運営だけでなく、その根底にある貧困世帯への支援に向けて、今後どのように活動を展開していくかを検討している。

　「保育」現場というと、施設の中の一定期間だけの援助を想像してしまうことが少なくない。しかし、ソーシャルワークという視点からは、施設の中の一定期間だけでなく、ライフステージという時間軸と生活の全体性を考えることが重要となる。そのうえで、保育現場を再度捉えなおし、"社会生活という連続性の中での保育現場"という視点を持つことが求められる。

引用文献

1) 松端克文 (2013)「地域福祉を『計画』的に推進するということ―"地域生活支援 (コミュニティソーシャルワーク)"と計画づくり」『NORMA』267，全国社会福祉協議会地域福祉推進委員会，p.7.

2) 原田正樹 (2016)「地域福祉の学びをデザインする視点」『地域福祉の学びをデザインする』有斐閣，pp.16-17.

3) 高田眞治 (2003)「コミュニティとコミュニティワーク」『地域福祉援助技術論』相川書房，pp.66-67.

4) 永田幹夫 (2000)「地域組織化課程」『改訂二版　地域福祉論』全国社会福祉協議会，p.193.

5) 原田正樹 (2014)「地域福祉の基盤づくり―推進主体の形成―」中央法規，p.98.

6) 杉本敏夫・斉藤千鶴編 (2003)『改訂コミュニティワーク入門』中央法規，pp.46-51.

7) 鷹野吉章 (2015)「地域福祉の捉え方と福祉圏域」『新・社会福祉士養成講座〈9〉地域福祉の理論と方法　第3版』中央法規，p.47.

8) エリザベスT.アンダーソン，ジュディス・マクファーレイン編 (2007)『コミュニティアズパートナー―地域看護学の理論と実際』(金川克子，早川和生監訳) 医学書院，pp.149-150.

9) 佐伯和子 (2007)『地域看護アセスメントガイド　アセスメント・計画・評価のすすめかた』医歯薬出版，pp.8-9.

| コラム |

《保育士の相談業務》

畠田　佳子

　保育士は、保護者に一番近い相談窓口といえます。

　2001（平成13）年、保育士が国家資格となったことに伴い、児童の保育だけでなく、保護者の保育支援も行うことが保育士の業務となりました。たとえば、児童福祉法第18条の4には「保育士とは…（中略）…保育士の名称を用いて、専門的知識及び技術を持って、児童の保育及び児童の保護者に対する保育に関する指導を行うことを業とする（後略）」と定めています。また、保育所保育指針第6章においても「子どもの保育の専門性を有する保育士が…（中略）…養育力の向上をめざして行う子どもの養育（保育）に関する相談・助言、行動見本の提示していくこと（後略）」と記しています。

　さらに言うと、保育士の業務は、在園する子どもを対象とした日常の保育活動、あるいは在園する子どもの保護者支援にとどまりません。たとえば、未就園児（幼稚園、保育園のどちらにも入園していない子ども）とその保護者への交流の場の提供や相談・援助、さらには、地域活動への取り組みが義務となっています。つまり、保育所在園の子どもはもちろん、地域で過ごす未就園児も、そして保育所に子どもを通わせている親はもちろん、未就園児の親、その全ての人を対象に保育士は相談・援助の責務があることが分かります。

　また、相談援助として慎重に進めていくことの一つとして、専門機関への連携があげられます。医療や療育に関する悩みについては、保育士としてそれまでの経験から図る安易な判断や断定的な診断については、その専門的な立場にはないということを心得ておかなくてはなりません。しかし相談業務の責務として、保護者のニーズをしっかり把握し、何を必要としているのか、どの様な支援をしたらいいのか、適切に方向付けしていくと同時に、親が直面するその悩みの奥深さを重々理解し、専門機関への橋渡しやアドバイスをしていく立場にあるという自覚は認識しておかなくてはなりません。また、受診や療育の運びとなった後も、親の思いに寄り添い、共に子どもの成長を見守るパートナー的な存在として在ることです。一時解決の身の上話ではなく、親が自信を持ち最善の方向に子育てしていけるように援助していくことが大切です。

　そして、近年、増加傾向にある虐待についても、保育者として重要な視点が必要です。虐待については、残念ながら乳幼児期の子ども自らが訴えるということはほとんどありません。家庭の外には出にくいという特徴だからこそ、

子どもの無言のサインを第一発見者として気付いてあげられるのは保育者なのです。そのため、「虐待について知ること」「専門機関へ繋ぐこと」という知識を備えていなければなりません。子どもや保護者に「違和感」を感じたら、保育者一人の認識にとどまらず、まずは園長等周りと情報を共有しておくことが重要です。

　保護者から相談があった時に応じるのが保護者に対する相談支援でなく、心の奥にある悩みを「あの先生に聞いてもらおう…」と保護者の心を動かせる保育者でありたいものです。また、不安な様子の保護者に「いかがなさいましたか」と声を掛けていく日常のコミュニケーションを意識し、信頼関係構築の行動を重ねていく心掛けが必要です。

　保育士にとって、子どもは保育対象としての存在だけではなく、子どもの成長の過程に「共に在る」という認識が大切です。保育者として謙虚に心を置くことで、自ずと「保護者と共に」という観点が生まれ、結果として健全に成長しゆく子どもにとっての「最善の利益」が護られていくのです。

第8章 事例分析

1 虐待の対応に関する事例分析

（1） ネグレクトおよび身体的虐待

　Ｔちゃん（3歳、男児）は、今年4月から保育所に入所しました。父親は、IT関係の仕事をしており転勤も多く、現在の場所にも5か月前に引っ越してきたばかりでです。父親は現在、海外で単身赴任中であり、年に数回しか帰宅しない状況です。母親は保険関係の営業の仕事をしており、母親の育児休業が終わることを機に、Ｔちゃんは保育所に入所となりました。

　Ｔちゃんは入所当初から、朝一番早く保育所に登園し、帰りもお迎えが一番遅くなることも多く、母親は常に忙しそうにしています。朝夕の送迎の時も忙しそうにしており、担任の保育士が、Ｔちゃんの家での様子などを母親にたずねても、ゆっくりと話を出来る状態ではありませんでした。

　最近になり、Ｔちゃんとの会話から、朝食を食べてこない日があることがわかってきました。衣服も何日も同じ服装の日が続き、洗濯をしていないのか、汚れ（悪臭）も目立ってきました。髪の毛も洗って整容している様子もなく、手足の爪も伸びたままになっています。

　保育所では園長を始め、職員間でＴちゃんの様子を注意深く観察していこうと話し合いが持たれました。

　保育所で、着替えやトイレの時などにＴちゃんの身体の様子を確認しても、汚れは目立つもののアザなどはなく、暴力を受けている様子は確認できませんでした。しかし、Ｔちゃんの最近の様子は元気がなく、笑顔もなくなってきている状態です。

　ある日のお迎えの時、園長が母親に「一度ゆっくりとお話をしたいのですが……」と母親に伝えましたが、その翌日から保育所に登園してこなくなりました。何度も母親に連絡しましたが、連絡が取れませんでした。

考えてみよう

1. この事例において、注目するべき点や、問題点などを書き出してみましょう

2. この事例において、援助計画を立てていきましょう

〈解説〉

　Tちゃんが保育所に来なくなり、また母親とも連絡が取れない状況においては、すぐに児童相談所へ連絡を入れるべきでしょう。

　園長は、すぐに児童相談所へ一報しました。その後の児童相談所からの話では、Tちゃん家族は現在の場所に引っ越してきたばかりであり、育児と仕事を両立させてきた母親は、子育てに関するいろいろな悩みなどを相談する友達や知り合いがいなかったとのことでした。父親、母親のお互いの両親も他府県に住んでおり、遠方なこともあって、支援が望める状況ではなかったとのことです。

　Tちゃんが保育所に来なくなった時は、ベビーシッターを頼んでいたとのことでした。母親がいろいろな相談や話を聞いて欲しいと思っている父親とは、単身赴任から戻った時はいつもケンカになってしまい、その時、父親はTちゃんにも手をあげることがありました。保育所に来なくなった頃から、母親は身体的、精神的にも疲れ果てていたとのことです。Tちゃんの育児に対しても気力がなくなってしまい、Tちゃんに食事を与えなかったり、また、お風呂にも入れていませんでした。

　このような状況から、自宅で養育できる状態ではないと判断し、児童相談所は一時保護の措置を取りました。

　現在、Tちゃんは同市内の児童養護施設に入所しており、元気に過ごしています。そしてTちゃんは、父親、母親と再び暮らすことができるように、児童相談所を中心に調整を行っています。

1）虐待とは

児童虐待の分類

①身体的虐待

殴る、蹴る、投げ落とす、激しく揺さぶる、やけどを負わせる、溺れさせる、首を絞める、縄などにより一室に拘束するなど。

②性的虐待

子どもへの性的行為、性的行為を見せる、性器を触る、または触らせる、ポルノグラフティの被写体にするなど。

③ネグレクト

家に閉じ込める、食事を与えない、ひどく不潔にする、自動車の中に放置する、

重い病気になっても病院に連れて行かないなど。

④心理的虐待

言葉による脅し、無視、きょうだい間での差別的扱い、子どもの目の前で家族に対して暴力をふるう（DV（ドメスティック・バイオレンス））など。

2) 虐待の現状

2014（平成26）年度の児童相談所の児童虐待の相談対応件数は、児童虐待防止法施行前（1999（平成11）年度）の7.6倍に増加している（図8-1）。虐待死に関しても、毎年50人を超えている状況である。同年度の児童相談所における児童虐待相談対応件数の内訳について、虐待の種類別では心理的虐待が43.6％で最も多く、次いで身体的虐待が29.4％、ネグレクトが25.2％、性的虐待が1.7％となっている。虐待者別では、実母が52.4％と最も多く、次いで実父が34.5％、実父以外の父が6.3％、実母以外の母が0.8％、その他が6.1％となっている。また、虐待を受けた子どもの年齢については、小学生が34.5％と最も多く、次いで3歳から学齢前児童が23.8％、0歳から3歳未満が19.7％、中学生が14.1％、高校生等が7.9％であった。なお小学校入学前の子どもの合計は43.5％となっており、高い割合を占めている（表8-1）。

図8-1 児童虐待相談の対応件数及び虐待による死亡事例件数の推移

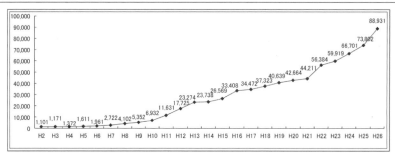

（厚生労働省HP「児童虐待の現状」
http://www.mhlw.go.jp/file/06-Seisakujouhou-11900000-Koyoukintoujidoukateikyoku/0000108127.pdf）

第8章　事例分析

表8-1　平成26年度　児童相談所における児童虐待相談対応件数の内訳

種類別

心理的虐待が43.6%で最も多く、次いで身体的虐待が29.4%となっている。

種 類	身体的虐待	ネグレクト	性的虐待	心理的虐待	総 数
	26,181(29.4%)	22,455(25.2%)	1,520(1.7%)	38,775(43.6%)	88,931(100.0%)

虐待者別

実母が52.4%と最も多く、次いで実父が34.5%となっている。※その他には祖父母、伯父伯母等が含まれる。

虐待者	実 父	実父以外の父	実 母	実母以外の母	その他 ※	総 数
	30,646(34.5%)	5,573(6.3%)	46,624(52.4%)	674(0.8%)	5,414(6.1%)	88,931(100.0%)

虐待を受けた子どもの年齢構成別

小学生が34.5%と最も多く、次いで3歳から学齢前児童が23.8%、0歳から3歳未満が19.7%である。
なお、小学校入学前の子どもの合計は、43.5%となっており、高い割合を占めている。

被虐待児	0歳～3歳未満	3歳～学齢前	小 学 生	中 学 生	高校生等	総 数
	17,479(19.7%)	21,186(23.8%)	30,721(34.5%)	12,510(14.1%)	7,035(7.9%)	88,931(100.0%)

(図8-1に同じ)

3)　虐待の対応

児童虐待が社会問題化するにつれて、制度改正による対策が強化されてきた。

①児童虐待防止法の制定（2000（平成12）年11月）

児童虐待を防止するための法律が制定された。児童虐待を発見したときの通告義務が明記された。

②児童虐待防止法・児童福祉法の改正（2004（平成16）年10月）

児童虐待の定義の拡大、通告義務の拡大、市町村の虐待対応の役割の強化などが行われた。

③児童虐待防止法・児童福祉法の改正（2008（平成20）年4月）

児童の安全確認のための強制的な立入調査、保護者に対する児童の面会の制限など、虐待を受けた子どもを救うために行政の役割が強化された。

④児童福祉法の改正（2009（平成21）年4月）

生後4か月までの乳児のいる家庭すべてを訪問する事業など、市町村が行う子育て支援の強化や、虐待を受けた児童を保護するための里親制度の拡充など、虐待の予防を含む様々なサービスが増えた。

4) 要保護児童対策地域協議会

(1) 要保護児童対策地域協議会とは

1) 平成16年度児童福祉法改正法の基本的な考え方

①虐待を受けている子どもを始めとする要保護児童の早期発見や適切な保護を図るためには、関係機関がその子ども等に関する情報や考え方を共有し、適切な連携の下で対応していくことが重要である。多数の関係機関の円滑な連携・協力を確保するためには、以下のことが必要である。

[1] 運営の中核となって関係機関相互の連携や役割分担の調整を行う機関を明確にするなどの責任体制の明確化

[2] 関係機関からの円滑な情報の提供を図るための個人情報保護の要請と関係機関における情報共有

②児童福祉法の一部を改正する法律においては、以下の規定が整備された。

[1] 地方公共団体は、要保護児童の適切な保護を図るため、関係機関により構成され、要保護児童及びその保護者（以下「要保護児童等」という。）に関する情報の交換や支援内容の協議を行う要保護児童対策地域協議会（以下「地域協議会」という。）を置くことができる。

[2] 地域協議会を設置した地方公共団体の長は、地域協議会を構成する関係機関等のうちから、地域協議会の運営の中核となり、要保護児童等に対する支援の実施状況の把握や関係機関等との連絡調整を行う要保護児童対策調整機関を指定する。

[3] 地域協議会を構成する関係機関等に対し守秘義務を課すとともに、地域協議会は、要保護児童等に関する情報の交換や支援内容の協議を行うため必要があると認めるときは、関係機関等に対して資料又は情報の提供、意見の開陳その他必要な協力を求めることができる。

③上記の改正により、以下のようなことが期待される。

[1] 関係機関のはざまで適切な支援が行われないといった事例の防止

[2] 医師や地方公務員など、守秘義務が存在すること等から、個人情報の提供に躊躇があった関係者からの積極的な情報提供が図られ、要保護児童の適切

な保護に資すること。

特に、地域協議会を構成する関係機関等に守秘義務が課せられたことにより、民間団体をはじめ、法律上の守秘義務が課せられていなかった関係機関等の積極的な参加と、情報交換や連携が期待される。なお、平成16年児童福祉法改正においては、地域協議会の設置は義務付けられていないが、こうした関係機関等の連携による取り組みが要保護児童への対応に効果的であることから、その法定化等の措置が講じられたものである。また、参議院厚生労働委員会の附帯決議においても、「全市町村における要保護児童対策地域協議会の速やかな設置を目指す」こととされている。これらの経緯を踏まえ、市町村における地域協議会の設置促進と活動内容の充実に向けた支援に努めるものとする。

2) 要保護児童対策地域協議会の意義

地域協議会においては、地域の関係機関等が子どもやその家庭に関する情報や考え方を共有し、適切な連携の下で対応していくこととなるため、以下のような利点がある。

［1］要保護児童等を早期に発見することができる。

［2］要保護児童等に対し、迅速に支援を開始することができる。

［3］各関係機関等が連携を取り合うことで情報の共有化が図られる。

［4］情報の共有化を通じて、それぞれの関係機関等の間で、それぞれの役割分担について共通の理解を得ることができる。

［5］関係機関等の役割分担を通じて、それぞれの機関が責任をもって関わることのできる体制づくりができる。

［6］情報の共有化を通じて、関係機関等が同一の認識の下に役割分担しながら支援を行うため、支援を受ける家庭にとってはより良い支援が受けられやすくなる。

［7］関係機関等が分担しあって個別の事例に関わることで、それぞれの機関の限界や大変さを分かち合うことができる。

3) 対象児童

地域協議会の対象児童は、「児福法第6条の3」に規定する「要保護児童（保護者のない児童又は保護者に監護させることが不適当であると認められる児童）」であり、虐待を受けた子どもに限られず、非行児童なども含まれる。

⑷ 関係するネットワーク等

前述のとおり、地域協議会の対象児童は、虐待を受けた子どもに限らず、非行児童なども含まれる。

少年非行問題を扱うネットワークとしては、地域協議会の他に、学校・教育委員会が調整役となっているネットワークや、警察が調整役になっているネットワークも存在するが、これら3つのネットワークは、それぞれ中心となって活動する機関やケースに取り組む際の視点・手法が異なっている。実際に少年非行ケースを扱う際には、ケースごとにその子どもが抱える問題に最も適切に対応できるネットワークを活用することが望ましいことから、地域協議会としては、日頃から、関係するネットワークとの連携・協力に努めるものとする。

なお、これら3つのネットワークの構成メンバーは重複する場合も少なくないと思われることから、地域の実情を踏まえつつ、運営の効率化を図るとともに、地域住民に使い勝手の良いものとなるよう適切に対応すること。

また、各種の子育て支援事業を有効に活用し、子どもや家庭に適切な支援を行うために、子育て支援事業の調整を行う子育て支援コーディネーターの確保・育成を図るとともに、日頃から、同コーディネーターとの連携・協力に努めていくことが必要である。

(厚生労働省HP「要保護児童対策地域協議会設置・運営指針」
http://www.mhlw.go.jp/bunya/kodomo/dv11/05.html より筆者要約)

5) 児童虐待防止のための親権制度の見直し

子どもを育てることは親の権利であり、義務でもある。親が子どもを育てる権利と義務を「親権」といい、民法で規定されている。近年、その親権を濫用し、子どもに暴力を振るったり、子どもを放置したりするといった児童虐待が増えている。そのような中で、児童虐待から子どもを守るため、民法の「親権制限制度」「未成年後見制度」が改正され、2012（平成24）年4月1日から施行された。

改正内容の一例

①親権が子どもの利益のために行われることを改めて明確にするため、民法の親権の規定の中に「子の利益のために」という文言が追加された。

②「親権喪失」に加え、期限付きで親権を制限する「親権停止」の制度が創設された。これは、期限を定めずに親権を奪う親権喪失とは異なり、予め期限を定めて、一時的に親が親権を行使できないよう制限する制度である。

③一個人が未成年後見人を一手に引き受けることは負担も大きく、適切な引受け手が見つかりにくい現状がある。そこで、未成年後見人選任の選択肢を広げるため、社会福祉法人などの法人も選任が可能となった。

6) 児童相談所全国共通ダイヤル

「近所で虐待を受けているかもしれない」「子育てが辛くてつい子どもにあたってしまう」「近所に子育てに悩んでいる人がいる」などの場合の相談機関の一つに、児童相談所がある。児童相談所全国共通ダイヤルは、子どもたちや保護者のSOSをいちはやくキャッチするために、2015（平成27）年7月1日より10桁の番号から「189」（いちはやく）という3桁の番号となった（従来どおりの10桁の番号でもつながる）。

（藤田了）

（2） 性的虐待

保育所に通うRちゃん（5歳、女児）は、最近トイレに行くと「痛い」と泣きながらかえってきます。Rちゃんは、精神的にも不安定な状態が目立ち、たとえば、大人の男性が激しく女の子を怒鳴ったり蹴ったりする「ごっこ遊び」をしています。Rちゃんの年齢からすると、なぜそのような言葉を知っているのだろうかと、不自然で、明らかに年齢不相応の性的な意味を表す言葉が聞かれたりもします。

何らかの異変に気付いた保育士は、Rちゃんのトイレの様子を注意して見るようにしました。するとRちゃんの下着がひどく汚れていることに気付きました。

担任は、お迎えの時に保護者である母親に対して、「少しお時間ありますか？　Rちゃんのことでお話ししたいことがありまして」と声かけをしました。すると、母親は急に激怒し、「今日言って、今日時間が作れる人なんていません」と声を荒げました。そこで担任は、「お忙しいところすみません。ですが、Rちゃんの下着を一度見てみてください。すぐに小児科へRちゃんを連れて行っていただけませんか」と、手短に要件を伝えました。すると、母親はさらに激怒し、「忙しいって言ってるでしょ！帰りが遅くなると、（同居中の）彼の機嫌が悪くなるんです！」と怒鳴り、さっさと帰ってしまいました。

次の日、登園してきたRちゃんに「昨日、お医者さんに行った？」と担任が聞きましたが、「行っていない」との返事が返ってきました。

考えてみよう

1. この事例において、注目するべき点や、問題点などを書き出してみましょう

2. この事例において、援助計画を立てていきましょう

〈解説〉

　自分の子どもだからといって、その虐待行為が許されたり、その罪が軽減されたりすることはあってはなりません。児童虐待は犯罪行為だと、まずは再確認する必要があります。

　Rちゃんは、トイレの際に「痛い」と泣き、下着も汚れ、年齢不相応な性的言動があり、そして精神的にも不安定な状態であることから、性的虐待を受けている可能性が非常に高いといえます。性的虐待の場合も、他の虐待と同様、「疑いがある」とされる時点で児童相談所への通告が義務付けられています。

　今回の事例では、Rちゃんの異変に何となく保育所が気付いているものの、児童相談所へすぐに連絡を入れていません。担任は、「病院に連れて行って下さい」と母親に告げたのみで、Rちゃんを帰宅させてしまっています。しかし、帰宅したRちゃんは、この日もまた性的虐待の被害に遭う可能性があります。このような状況において、保育所が翌日まで何も動かないというのは、適切な対応とはいえません。保育者はその日のうちに、Rちゃん宅へ家庭訪問するか電話を入れるかして、きちんとRちゃんを受診させたか保護者に確認する必要があります。もし、まだ受診をさせていないということであれば、それは「医療ネグレクト」に値するという内容を伝えることができ、保育所がRちゃんを病院に連れていくことが可能となります。児童相談所へ通告していれば、病院へは児童相談所職員と一緒に行くことになるかもしれません。病院では、誰からの暴力ということは明らかにできないにしても、他者からの暴力による出血・膿であるということを明確にすることはできます。

　性的虐待の場合、病院がそこまで明確にしていない段階であっても、その虐待が疑わしい時点で一時保護となり、その後児童養護施設等への入所となり、安全な場所においてすぐにでも子どもの心身の傷の治療に入らねばなりません。

　直接的に性的虐待をする父親や、母と同居中の彼氏はもちろん、その事実を見て見ぬふりをする母親も「ネグレクト」という虐待行為者となることを知っておかなくてはなりません。また、先述したように、性的虐待の事実が医療機関等に知られたくないという理由などで子どもを受診させない行為は、性的虐待のケースに限らず「医療ネグレクト」に当たります。

　他の虐待もそうですが、性的虐待の場合は特に、心身に深い傷を残すこととなり、

トラウマやPTSDなどの症状に、成人してからもずっと悩まされるケースも多々報告されています。したがって、出血などの肉体的な傷の治療と同時に、心の傷の治療も、早い段階で実施しなければなりません。つまり、虐待の早期発見、早期対応がなされたか否かで、被虐待児のその後の人生を大きく変えてしまうことになるのです。

　保育者とは、それほど重要な位置付けにある職業であることを再認識し、虐待の証拠品となる血がついた下着やおむつを処分することなく、児童相談所に証拠品を渡すなどの、適切な専門的知識や技術を身に付けていきましょう。

（小宅理沙）

2　障害をもつ子どもとその保護者への支援に関する事例分析

（1）　アスペルガー症候群

　保育園に通うB君（5歳、男児）について、園では、B君がアスペルガー症候群（現在では「自閉症スペクトラム」）であることを母親から聞いています。一見、発達障害であるようには見えないものの、集団の遊びには参加を拒み、自分がやりたいことだけをします。お母さんは送迎時に、時々保育士に対して、「集団には馴染めていますか。」「集団行動ができていますか。」とたずね、B君のことが心配な様子がうかがえます。

第 8 章 事例分析

考えてみよう

1. この事例において、注目するべき点や、問題点などを書き出してみましょう

2. この事例において、援助計画を立てていきましょう

〈解説〉

　アスペルガー症候群の子どもたちの中には、知的な能力が高い子どもがいます。したがって、たとえ集団遊びに参加していなくても、それを見ているだけで様々なことを吸収し、理解できる力を持っている子どももいます。見方を変えれば、興味関心のあることに対しては驚くほどの集中力と、知識を持っていることがあるともいえます。

　アスペルガー症候群のB君の場合、集団遊びの指示がよく解っていなかった可能性があります。つまり、解らないから取り組むことができず、他に楽しいことを探してそれに没頭してしまうことになったとも考えられます。

　そこで、保育者は色々な工夫をすることが重要となります。まずは、絵カードを使ってコミュニケーションをとるようにしました。アスペルガー症候群や自閉傾向 (自閉症スペクトラム) のある子どもは視覚優位であることが多いので、聞くだけの指示よりも、視覚から理解する方法には効果がありました。

　園だけでなく、家庭でも同じように絵カードを使って理解を促していきました。また、1日のタイムテーブルや、片付け・トイレのルールなども、目で見てわかる場所、たとえば冷蔵庫、壁やトイレなどに絵カードを貼ることにより、B君の解ることが増え、少しずつ混乱がなくなっていきました。

　すると、徐々に園での集団遊びにも入ってくることが増えていきました。

1)　児童福祉法における「障害児」の定義

　障がい児について、児童福祉法では「身体に障害のある児童、知的障害のある児童、精神障害のある児童 (発達障害者支援法 (平成十六年法律第百六十七号) 第二条第二項に規定する発達障害児を含む) または治療方法が確立していない疾病その他の特殊の疾病であつて障害者の日常生活及び社会生活を総合的に支援するための法律 (平成十七年法律第百二十三号) 第四条第一項の厚生労働大臣が定める程度である児童」としている。これには、身体障害、知的障害、精神障害、発達障害だけでなく、難病により日常生活や社会生活が困難な子どもも含まれている。

2)　発達障害とは

　2005 (平成17) 年4月に施行された発達障害者支援法において、「発達障害」は「自閉症、アスペルガー症候群その他の広汎性発達障害、学習障害、注意欠陥多動性障

害その他これに類する脳機能障害であってその症状が通常低年齢において発現するものとして政令で定めるものいう」（発達障害者支援法第二条）と定義された。これを受けて、従来、教育や福祉の中で法的に整備されてこなかった自閉症、学習障害、注意欠陥多動性障害等についても法的に定められたこととなった。

　また、厚生労働省HPでは、「発達障害はいくつかのタイプに分類されており、自閉症、アスペルガー症候群、注意欠如・多動症性障害（ADHD）、学習障害、チック障害などが含まれる」とされている。

3)　療育手帳

　発達障害のある子どもたちの中で、知的障害を伴う場合は、療育手帳が交付される。

4)　相談窓口

　・児童相談所　　　　・児童発達支援センター

　・保健センター　　　・市役所・区役所

（石井貴子・小宅理沙）

（2）　知的障害

　保育所に通うAちゃん（3歳、女児）は、排泄や着替えなどの基本的生活習慣がなかなか身に付かず、言葉も増えないなど、保育者間で発達の遅れについて気になっていました。そんな折、母親から担任に、「うちの子はちゃんと成長していますか。遅れていませんか」との質問がありました。そこで、保育者もAちゃんの成長の様子について気になっていたことを伝え、早速専門機関への受診を勧め、病院を紹介しました。

　母親は「病院を受診してみたいと思います。ありがとうございました。」と安心した様子で帰っていった。

　その後、連絡帳を通して様子を聴いたり、懇談等の日程調整を促したりしましたが返事がない日が続きました。不思議に思った担任は、母親に直接電話で問い合わせたところ、「もう、その話は結構です」との返事が返ってきました。母親は、その後も担任を避けるような態度を見せるなど、急に拒否的な態度になった母親の豹変

ぶりに、担任はびっくりしてしまいました。

考えてみよう

1. この事例において、注目するべき点や、問題点などを書き出してみましょう

2. この事例において、援助計画を立てていきましょう

第8章　事例分析

〈解説〉

　保護者の態度が頑なになってしまったのはなぜでしょうか。

　保育者は保護者の思いに十分に対応できていたでしょうか。もちろん、今回の対応で満足する保護者もいますが、本当は保育者にもっと話を聞いてもらいたかったのではないでしょうか。病院を受診できずに悩んでいるかもしれませんし、現実を受け止められずにいるのかもしれません。

　園で子どもの行動が気になり、保育者間で専門機関への受診が必要であるとの意見が一致していても、保護者や家族にそれを伝える時には慎重な対応が求められます。

　保護者が子どもの成長の心配をしていたとしても、即それが障害について理解し受容しているとは言えません。保護者が何を心配し、どのような不安を抱えているのかをじっくり聞く必要があります。

　保護者が、わが子の障害を受け止めるのは容易ではありません。一人ひとり受け止め方も、置かれている状況も違います。そこで、段階説、慢性悲哀説、対象喪失説などの説を理解しておくと、保護者支援のヒントが得られます。これらの3つの説を紹介します。

①　段階説

　ドローター（Drotar、1975）は、先天性奇形を持つ子どもの誕生に際して起こりがちな親の反応を、図8-2のように示しました。

　わが子に障害があると知ってからそれを受け止めるまでに、Ⅰ.ショック→Ⅱ.否認→Ⅲ.悲しみと怒り→Ⅳ.適応→Ⅴ.再起などの変化を経ていくとされ、「段階説」と呼ばれています。

　Ⅰ.からⅤ.まで順に進むわけではなく、どこかの段階に長く留まったり、受容したかと思えば否定したくなったり、悲しみや怒りが込み上げるなど、感情の浮き沈みも起こりやすくなります。また、障がいの診断を受けるまでにも、様々な心の揺れ動きがあります。やっとの思いで病院や療育センター等への受診を決断したとしても、予約が数か月から半年先まで埋まっているなど、長期間待たされることもしばしばです。また、受診後に障がいであるとはっきり診断される場合もあれば、「様

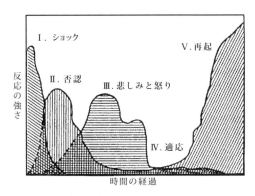

図8-2　先天奇形を持つ親の反応モデル

(Dennis Drotar, Ann Baskiewicz, Nancy Irvin, John Kennell, Marshall Klaus
The Adaptation of Parents to the Birth of an Infant With a Congenital Malformation:
A Hypothetical Model 1975, 56 (5) 710-717　より筆者作成)

子を観ていきましょう」と言われたり、病院によって診断が違うこともあります。このような経過の中で、保護者自身がわが子の状態をどのように理解し、受け止めたらよいかについて戸惑いや混乱が生じ、病院や専門機関への不信につながってしまうこともあります。

　しかし、乳幼児期の問題は個人差の範囲か、障がいであるのかの判断には難しさが伴います。保育者はそのような現状も踏まえて、保護者の思いを受け止めつつ、不安を助長する発言は控える必要があります。

　受容を焦るのではなく、いつの段階も保護者に寄り添いながら、子育てへの希望を感じられるような援助をしていくことが必要です。

　② 慢性悲哀説

　オルシャンスキー (1962) が示した説で、保護者の心の根底には不安や慢性的な悲哀があり節目ごとに落胆を示しますが、それは克服すべきというよりは当然の反応として理解するべきであるという考え方です。例えば、運動会や発表会など、「列から飛び出していかないか」「舞台にはちゃんと上がれるだろうか」「皆に迷惑をかけないだろうか」など、行事のたびに心配します。また、就学前になり、「小学校へ行けるのか」「勉強についていけるのか」「友達はできるのか」など先々の不安でいっぱいになることもあります。

　しかし、このような根底にある気持ちを専門家や保育者等の支援者が気づかないまま、「いつまでも子どもを受容できない親」として偏見を持つことで、却って現実

を否認する傾向を強めてしまうことがあり、注意が必要です。

③　対象喪失説

妊娠中には、誕生後のわが子のイメージを思い描きます。想像していた未来と、「障がいのあるわが子」の現実がかけ離れていると感じたとき、対象を失ったような虚しさを感じ、目の前のわが子に向き合うことが難しくなることがあります。

以上、3つの説を紹介しましたが、これらの説を保護者に押し付けるのではなく、保護者の心の揺れ動きを理解するための手がかりにするとよいでしょう。

また、保護者は「障害」という言葉に敏感になりがちで、「障害」という名前がついているだけで抵抗を示す場合もあります。乳幼児の検診時に相談することを勧めたり、市役所や区役所の子育てや発達の相談窓口や、保健センター等を紹介したりする方がスムーズに進む場合がありますが、配慮が必要です。普段から地域の専門機関と連携し、継続した支援に努めましょう。

保護者の心の揺れ動きにより、時に保育者自身が混乱してしまう事もありますが、保護者の言動が拒否的になったり攻撃的になったりしている時は、それだけわが子のことで苦しんでいる証でもあります。そのような時こそ、冷静な対応が求められます。決して一人で抱え込むのではなく、園長や主任等に相談し、園内委員会や特別支援教育コーディネーター等と共に、チームによる支援体制を進めていきましょう。

(三木美香)

1)　知的障害とは

日本において、知的障害に対する法的な定義はない。知的障害（ID：Intellectual Disability）は、医学的にはDSM-5において、以下の3つが知的障害と定義されている。

「1.　知的障害（Intellectual Disability）」
「2.　全般性発達遅延（Global Developmental Delay）」
「3.　特定できない知的障害（Unspecified Intellectual Disability）」

DSM-Ⅳまでの知的障害における判断基準は、ビネー式知能検査やウェクスラー

式知能検査などにより測られ、知能指数（IQ）が70〜75以下の児童が診断を受けるシステムになっていた。しかし、DSM-5では、このような「知能指数の数字」のみによる知的障害の診断基準が大幅に見直され、「相対的な知的能力の高低」よりも、「実際的な生活適応能力の高低」が重視されることとなった。

2)　療育手帳

療育手帳は、身体障害者手帳とは異なり、知的障害者福祉法を法的な根拠としていない。各地方自治体によって交付についての要綱が定めてあり、手帳の名称も地方自治体により異なる。「A1、A2、B1、B2」という判定表示や、「A、B、C」の三段階評価とするところもあり、地方自治体ごとに判定の表示方法も異なる。

3)　相談窓口

・児童相談所
・児童発達支援センター
・保健センター
・市役所・区役所

（小宅理沙）

（3）　身体障害

Ｃちゃん（5歳、男児）は、幼稚園へ2年保育で入園しました。Ｃちゃんは、移動はバギーを使用している全面介助の園児です。教員がひとり、加配としてＣちゃんに付き添っています。

幼稚園では、Ｃちゃんに友達とのかかわりを持たせたいとの願いから、友達にＣちゃんのバギーを押してもらうということを実行しました。

しかし、担任からの報告によると、Ｃちゃんの保護者から「他の園児にバギーを押してもらうのは危険」とのことで、他の園児にはバギーを押させないようにと、注意が入りました。

第 8 章　事例分析

考えてみよう

1．この事例において、注目するべき点や、問題点などを書き出してみましょう

2．この事例において、援助計画を立てていきましょう

〈解説〉

　幼稚園の教育は、障害のある子どももない子どもも、共に遊べる環境の場となる「インクルーシブ保育」を推進しています。

　まず、加配の教員が、Cちゃんと他の園児とのバリケード（壁）になってはいけないと考えました。そこで、加配教員が見守りながら、他の幼児とCちゃんとの接点を、と考えましたが、Cちゃんの保護者は、危険が生じる可能性があるので教員に関わってもらいたい、という思いが強かったようです。

　そこで、Cちゃんの保護者の意向を尊重するため、手先の不自由なCちゃんができにくい操作、たとえば、タオルかけにタオルをかける・鞄を置く・お弁当をだす・上靴をもってくる、などを他の園児に手伝ってもらうことにし、子ども同士のかかわりをもたせました。

　ここでの注意点は、Cちゃんの発達面等も重んじることです。つまり、「友達にしてもらって当たり前」「Cちゃんのことをしてあげて当たり前」でなく、それぞれのかかわりの中で、一人一人の子どもの成長や気持ちを大切にし、指導していかなければなりません。

　ある日、Cちゃんは、言葉の理解はできていたので、幼稚園での出来事を、家に帰って保護者に伝えました。保護者は、Cちゃんからの報告の内容について、幼稚園側に尋ねてくることが多くなりました。そして、段階を踏んでCちゃんに関わっていること、友達関係についてもたくさんの他の園児の名前が出てくること等から、Cちゃんの保護者からは、「押してくれる子どもに先生が注意をはらってくれるなら、バギーを友達に押してもらってもいい」と、理解を示してくれるようになりました。

　初めて保護者から離れての幼稚園生活になるので、保護者の心配の度合いが大きいということが予想されます。幼稚園という教育の場でのCちゃんの受け入れについては、保護者との意思疎通をしっかりとする必要があり、まず、幼稚園と保護者との信頼関係を作るのに、十分な時間を必要としました。何よりも、保護者の思いを傾聴し、十分に聴き入れることが一番大切なことです。

　また、関係する専門機関や病院等と、密に連携を図ることも重要です。

　そして、他の園児たちや、その保護者たちとの関わりもうまく持てるように、適

切に配慮しなければいけなりません。

　Cちゃんを含む"子ども"という存在は、友達とのかかわりの中で、お互いに刺激を受けあいながら、友達のことを認められるようになり、自分の存在にも気づいていくものです。その意味において、インクルーシブ保育はお互いにとって利点であるということ、あるいはその反対に、支援の仕方や配慮の在り方が間違っていれば、集団の中での仲間意識は薄くなってしまうということ、これらのことについて、園児たちの保護者への説明や理解は、欠かせないことといえます。

　そして、これらの保育活動を推進していく中で、子どもやその保護者から学ぶことはたくさんあります。保護者との信頼関係、意思疎通が図れるように、多方面にわたり共有できることを増やし、ともに子どもの成長を喜ぶ関係を目指したいものです。

（野尻美津代）

1）　身体障害とは

　身体障害者福祉法は、第4条において「身体障害者」を「別表に掲げる身体上の障害がある18歳以上の者であって、都道府県知事から身体障害者手帳の交付を受けたものをいう。」としている。身体障害の範囲は広く、その障害となる事由が生じた時期が、先天的・後天的どちらであっても、障害が「永続する」ことを条件として認定される。

　別表とは身体障害者福祉法施行規則別表第5号のことである。大分類は「視覚障害」「聴覚又は平衡機能の障害」「音声機能、言語機能又はそしゃく機能の障害」「肢体不自由」「心臓、腎臓若しくは呼吸器又はぼうこう若しくは小腸若しくは人免疫不全ウイルスによる免疫機能の障害」である。それぞれの障害に対して1～7までの等級と、等級に対する判定基準が細かく定められている。

2）　身体障害者手帳

　身体障がい者に対して交付される身体障害者手帳は、身体障害者福祉法に定める身体上の障害について申請のあったものに対して、都道府県知事、指定都市市長又は中核都市市長が交付するとされている。

3）　身体障害の相談窓口

　　・児童相談所　　　　・病院　　　　・保健所

（小宅理沙）

3　保育現場における様々な問題への対応に関する事例分析

（1）　異文化問題

　日本社会における国際化の波は、保育所や幼稚園といったところにも影響をおよぼすようになってきました。

　Yくん（3歳、男児）は、お父さんの仕事の都合で両親と一緒にイスラム文化圏の国から来日し、半年間は自宅で過ごし、4月からは近所の保育園の3歳児クラスに入園することが決まっています。お父さんは英語が話せますが、お母さんは母国語だけで日本語が話せません。Yくんも同じように母国語だけで日本語は話せません。園の先生方は、4月からYくんやYくんのお母さんとどのように接していけばいいのかと思案を巡らせています。

　また、保育園では毎日給食やおやつを提供していますが、イスラム文化圏では様々な食事に関する制約があり、調理を担当する栄養士さんたちもどのように対応していけばよいのかと悩んでいます。

　さらに先生方が頭を痛めているのが、Yくんが入園してくることによる宗教的なトラブルを避けるため、他の子どもたちが毎年楽しみにしているクリスマス会や節分などといった行事ができなくなるのでは、ということです。Yくんが入園予定の園は宗教関係とはまったく無縁な園ではあるのですが……。

第 8 章 事例分析

考えてみよう

1. この事例において、注目するべき点や、問題点などを書き出してみましょう

2. この事例において、援助計画を立てていきましょう

〈解説〉

　保育の国際化の問題については、日本保育協会が2008（平成20）年に全国的な調査を行っており、その報告書が協会のホームページ上に掲載されているので参考にされるといいのですが、ここ数年来、外国籍の子どもたちの保育所や幼稚園への入園数は増加し続けています。

　外国籍の子どもたちが増えてきている要因としては、保護者の結婚や就労に関するものが多くを占めていますが、とりわけ、最近の傾向として、英語圏以外の外国人やイスラム文化圏の子どもたちの入園比率が増えてきています。実際、最近の調査でも、ブラジルやペルーといった日系の人々やベトナム、タイ、インドネシアといったアジアの人々の子どもたちの入園者数が増えてきています。当然のことながら、1つの園の中に様々な国籍を持った子どもたちが同時に入園してくることにより、保育の現場ではこれまでとは少しちがった問題が生じてきています。

　これまでは主として言葉の問題だけであったのが、最近は食生活のちがいや生活習慣の相違などといったことから、日本人幼児と外国人幼児とのトラブルや、保育者と保護者との意思の疎通の難しさなどが保育の現場からの報告として挙がってきています。幼少期からの国際理解が大切であることはみんな理解してはいますが、実際、外国籍の子どもが入園してきた時にどう対応すべきかと、園の先生方は日々思案に暮れているのが現実です。

　ただ、最近は様々な情報化も進んでおり、同じような悩みを持った園同士が情報を提供し合うことが容易になってきており、それぞれの園の独自の取り組みについて知る機会も多くなってきました。

　今回の事例では、Ｙくんは3歳児のクラスでもあるので、言語の発達や取得の過程で他の日本人幼児と比べた場合、まだまだ柔軟に言葉の取得に対応できる年齢でもあります。日本語を覚えるための絵カードなどを使って、クラスの仲間と一緒にあそびながら単語を身につけさせていくのも解決策の一つとなります。もちろん、普段通りの絵本や紙芝居などの読み聞かせなども有効な方法です。Ｙくんのお母さんへの日本語指導は、園の先生方だけでなく、他の保護者や地域の方々にも協力をお願いし、お母さんが日本語に接する機会をできるだけ多く作っていくことが大切です。

　また、イスラム文化圏の食事で気をつけることは、ハラール食であるかどうかと

いうことが大事なので、ハラール食ならそれを提供すればいいのです。アレルギーの子ども用の食事が提供されているのと同様、ハラール食の子ども用があればいいわけです。昔に比べ、最近はハラール用の食材や調味料も手に入れ易くなってきています。すでに、かなり多くの園がハラール食に取り組んで来ています。それらの園からの情報提供をお願いするのも一つの解決策ですし、園全体で理解を深めていく取り組みがあってもいいと思います。

　もちろん、すぐに実施が難しい場合はＹくんにお弁当を持ってきてもらうというのも解決策の一つとはなりますが、その場合、"お弁当"という習慣すらない国もあるので注意が必要です。園の子どもたちにも、何故Ｙくんがお弁当を持ってきているのかということをしっかりと教え、理解を深めさせることが望まれます。

　さらに、多くの園で取り入れられている日本の伝統的な行事や、ハロウィンなどといった新しい催し事は子どもたちが楽しみにしているものであり、それがなくなってしまうというのは淋しいものです。日本においてクリスマスは、宗教的行事というよりはむしろ一種のお祭り的なものとして捉えられていますので、中身はそのままで、名称を「お楽しみ会」といったものとして楽しむことも可能だと思います。実際、まだまだ、あまり一般には知られていませんが、最近はイスラム文化圏であっても、日本と同じようにクリスマスをイエス・キリストの誕生を祝う日としてではなく、"サンタさんがやってきて子どもたちへプレゼントを渡していく日"として、子どもたちを喜ばせています。もちろん、日本国内におけるキリスト教系の園ではクリスマスは厳粛なミサだけを行うというところもありますので、そういった宗教的行事への出席は無理強いをすることなく、保護者への説明や理解が必要と言えるでしょう。

　今後、保育の現場における国際化はますます進んでいくと思われますが、子どもたちは大人が思っている以上に柔軟性に富んでおり、言葉や文化の習得も早いものです。保護者や地域の人々とも連携しながら外国籍の子どもたちやその保護者たちに手を差し伸べていくことが、園だけでなく、地域全体の国際理解をも深めていくことになるのです。

（永久欣也）

（2）　モンスターペアレント問題

　4歳の男児の保護者Bは、4月に行われるクラス懇談会に欠席しました。この懇談会は、委員を決める懇談会も兼ねていました。保護者Bは、欠席の連絡の際に「もし、ジャンケンとかで決めなければいけないときは、そのジャンケンには加わりたいから……」と言っていました。

　懇談会当日、立候補する保護者がいませんでしたので、話し合いをし、候補者の最後の2人がジャンケンをすることで委員は何とか決まりました。

　後日、保護者Bは「委員にはなりたくないけれど、そんな決まり方はおかしい」「自分もジャンケンするって言ってたのに」と幼稚園に苦情を言いに来ました。

　全員のジャンケンで委員が決まったわけではなく、保護者Bは当日欠席しており、何よりも「委員にはなりたくない」と言いながら、再度自分も含めてジャンケンをして委員を決め直したいとのBの苦情には、理解が大変困難であり、現場の保育者も戸惑いが隠せません。

考えてみよう

1. この事例において、注目するべき点や、問題点などを書き出してみましょう

第 8 章　事例分析

2．この事例において、援助計画を立てていきましょう

〈解説〉

　苦情を言ってきた保護者Bは、同じクラスの他の保護者から委員決定の成り行き
を聞き、1回のジャンケンで決めたことを知ったといいます。そして、「ジャンケン
するのであれば、自分も仲間に入るといったのに、どうして決めてしまったのか」
と苦情の電話が入り、次の日、子どもを登園させたあと職員室に来られ、「昨日の委
員の決め方はおかしいし、自分もジャンケンに参加すると電話で連絡したのに、お
かしいではないか」と抗議されました。

　しかし、該当クラスの委員は、最後の2人がジャンケンをしただけなので、全員
のジャンケンで決めたわけではなく、したがって再度集合し全員でジャンケンしな
くてもいいと判断した旨を伝えましたが、保護者Bは納得しませんでした。

　その後、PTA役員や教職員も交えてごたごたした日々が続き、これではクラス運
営にも支障をきたすと判断し、そのクラスの新委員を招集し、話し合いをしました。
保護者Bは、自分は参加していないのにジャンケンしたことに「委員はやりたくは

121

ないけど、不公平だ」と主張し続けました。他の、新しく委員になった保護者から、きつい言葉で叱責されるという場面もありましたが、Bは自分の思いを押し通し、ジャンケンをすることになりました。

　先に決まっていた新委員の保護者も、納得はしていなかった様子でしたが、ジャンケンをしてくれました。すると、Bはジャンケンで負けてしまい、委員になりましたが、「仕事をしているので、欠席しなければいけないときがある」と、その場で伝えました。そこでまた、委員になった保護者から叱責されましたが、そのまま一年間委員をしました。

　このように、結果的に大事となってしまったのは、保護者Bから電話を受けた職員が、しっかりと保護者の意向を聞いていなかったことが原因の一つです。保護者Bの本音を理解することなく、電話を受けた教職員が自分なりに判断してしまったことが、対応の悪さだったと言えます。「きっとみんな、委員なんてやりたくないだろうから、別の人が委員に決まれば、特に問題はないだろう」と、どこかで決めつけていたことが、幼稚園側の甘さといえます。

　保護者同士の関係や感情については、細心の注意をはらわなくてはなりません。また、保護者同士での話の伝達においては、保護者同士それぞれの感情や価値観が入るため、事実を曲げられてしまうこともあります。保護者をモンスターペアレントにしてしまうもしないも、園側のちょっとした工夫や配慮に左右されるケースもあることを理解しておきましょう。

(野尻美津代)

参考文献

松松井圭三編 (2013)『相談援助概説』ふくろう出版.

小林育子 (2014)『演習保育相談支援』萌文書林.

厚生労働省HP「児童虐待の定義と現状」http://www.mhlw.go.jp/seisakunitsuite/bunya/kodomo/kodomo_kosodate/dv/about.html

法務省HP「児童虐待防止のための親権制度研究会報告書等の公表について」http://www.moj.go.jp/MINJI/minji191.html

厚生労働省HP「知ることからはじめよう　みんなのメンタルヘルス」http://www.mhlw.go.jp/kokoro/.

文部科学省HP「今後の特別支援教育の在り方について (最終報告)」http://www.mext.go.jp/b_menu/shingi/chousa/shotou/054/shiryo/attach/1361204.htm2003.

文部科学省初等中等教育局特別支援教育課 (2013)『教育支援資料～障害のある子どもの就学手続と早期からの一貫した支援の充実～』.

http://www.mext.go.jp/component/a_menu/education/micro_detail/__icsFiles/afieldfile/2013/10/09/1340247_01.pdf

厚生労働省HP「要保護児童対策地域協議会設置・運営指針」

http://www.mhlw.go.jp/bunya/kodomo/dv11/05.html

独立行政法人国立特別支援教育総合研究所HP

http://www.nise.go.jp/cms/

おわりに

　保育士養成カリキュラムに「相談援助」「保育相談支援」という科目が設定され、6年が経過しました。昨今の報道等で「子育て支援」の話題を耳にしない日はありません。しかし、わが国の子どもを取り巻く環境は決して好ましいものではなく、児童虐待や子どもの貧困問題等の多様化・複雑化した子ども・家庭問題が山積されている。そのため、子どもや保護者に対する支援ができる保育士養成は喫緊の課題である。この課題に応えるために、保育士を志す学生にとって、わかりやすく、卒業後の自己研鑽にも役立つテキストを作成させていただきました。

　刊行にあたり、小宅理沙先生（東大阪大学短期大学部講師）に監修していただきました。さらには、保育分野で活躍されている先生や、職務経験が豊富な先生方にも執筆者に加わっていただきました。執筆者の先生方には無理なお願いをすることもありましたが、快くお応えいただき感謝しております。

2017年10月

編者
西木　貴美子

『相談援助・保育相談支援』執筆者一覧

＜監修＞

小宅　理沙
東大阪大学短期大学部実践保育学科　講師

＜編集＞

西木　貴美子
東大阪大学短期大学部実践保育学科　准教授

＜執筆＞

大津　雅之……第1章
山梨県立大学人間福祉学部福祉コミュニティ学科　講師

田中　謙……第2章・第4章
山梨県立大学人間福祉学部人間形成学科　准教授

加藤　貴久……第3章・第5章
社会福祉法人門真共生福祉会

中川　陽子……第5章
大阪こども専門学校　講師

西木　貴美子……第6章
東大阪大学短期大学部実践保育学科　准教授

高木　寛之……第7章
山梨県立大学人間福祉学部福祉コミュニティ学科　講師

小宅　理沙……第8章1（2）・2（1）〜（3）
東大阪大学短期大学部実践保育学科　講師

藤田　了……第8章1（1）
大阪国際大学人間科学部人間健康科学科　講師

石井　貴子……第8章2（1）
大阪こども専門学校　講師

三木　美香……第8章2（2）
畿央大学教育学部現代教育学科　准教授

野尻　美津代……第8章2（3）・3（2）
東大阪大学短期大学部実践保育学科　講師

永久　欣也……第8章3（1）
東大阪大学短期大学部実践保育学科　教授

畠田　佳子……コラム
大阪こども専門学校　講師

相談援助・保育相談支援

2017 年 10 月 5 日　第 1 刷発行

監　修　小宅　理沙

編　著　西木　貴美子

発行者　池上　淳

発行所　　　　株式会社　**翔雲社**

〒 620-0831　京都府福知山市岩崎 54

TEL　0773-27-9824（代）　　　　FAX　0773-27-9340

URL　http://www.shounsha.com　　E-mail　info@shounsha.com

発売元　　　　株式会社　**星雲社**

〒 112-0005　東京都文京区水道 1-3-30

TEL　03-3868-3275　　　　FAX　03-3868-6588

ISBN　978-4-434-23546-7

印刷・製本　モリモト印刷

落丁・乱丁本はお取り替えいたします。　　　　　　　　　Printed in Japan
本書の内容の一部あるいは全部を無断で複写複製（コピー）することは
法律で認められた場合を除き、著作者および出版社の権利の侵害となります。
© Risa Koyake, Kimiko Nishiki　2017